Das Marihuana-Herzrisiko

Ein Herzchirurg erklärt die versteckten Gefahren von Marihuana für Herz und Lunge

Jessica Hintz,

Vereinigte Staaten, 2025

Impressum

Buchtitel: Das Marihuana-Herzrisiko
Buchuntertitel: Ein Herzchirurg erklärt die versteckten Gefahren von Marihuana für Herz und Lunge
Autorin: Jessica Hintz

Autorin: Jessica Hintz
Kontakt: boxingboy898337@gmail.com

VORWORT

Das Herzrisiko durch Marihuana – Ein Herzchirurg erklärt die versteckten Gefahren von Marihuana für Herz und Lunge

Seit über fünfundzwanzig Jahren öffne ich Menschen die Brustkörbe, repariere geschädigte Herzen und erlebe aus erster Hand, welche Auswirkungen jahrzehntelange Lebensgewohnheiten auf den menschlichen Körper haben können. Ich habe Raucher, Diabetiker, Marathonläufer, Jugendliche mit angeborenen Herzfehlern und ältere Patienten operiert, die gegen die Folgen des Alters ankämpfen. Doch im letzten Jahrzehnt fiel mir ein Muster auf, das alles infrage stellte, was ich gelernt hatte und woran die Gesellschaft glaubte: Patienten, die nie geraucht hatten – deren Lungen aber genauso schwarz und krank aussahen wie die von lebenslangen Tabakkonsumenten. Patienten mit schweren Herzkranzgefäßverengungen, die beteuerten, gesund zu leben, Sport zu treiben, sich gut zu ernähren und alle üblichen Risikofaktoren für Herz-Kreislauf-Erkrankungen zu vermeiden.

Als ich fragte, was sie*tat*Bei der Verwendung war die Antwort fast immer dieselbe:

„Nur Marihuana. Aber es ist natürlich, also ist es sicher."

Ihre Aufrichtigkeit war echt. Ihr Glaube war echt. Aber ihre Körper erzählten eine andere Geschichte.

In Operationssälen im ganzen Land beobachten Chirurgen immer wieder dasselbe: schwere Lungenverfärbungen, entzündete Atemwege, vorzeitige Arterienschäden und unerwartete Gefäßverschlüsse bei Menschen, deren einziger Kontakt mit Rauch von Marihuana stammt. Doch außerhalb der Krankenhäuser herrscht eine ganz andere Sichtweise vor – die davon ausgeht, dass Marihuana harmlos sei, weil es „biologisch", „pflanzlich" oder „natürlich" ist.

Dieses Buch soll weder urteilen, kritisieren noch moralisieren. Mein Ziel ist einfach:

Die Fakten zu liefern, die viel zu vielen Menschen nie mitgeteilt wurden – Fakten, die ein Leben retten könnten.

Marihuana ist heute stärker als noch vor Jahrzehnten. Es wird anders konsumiert als Tabak. Die Legalisierungsbewegung hat ungewollt die Grenze zwischen „legal" und „sicher" verwischt. Und die Wellness-Szene hat es als harmloses Mittel gegen Stress neu positioniert. Inmitten dieses Lärms hat die Wissenschaft Mühe, Schritt zu halten – und selbst wenn sie es schafft, erreichen die Erkenntnisse selten diejenigen, die sie am dringendsten benötigen.

Dieses Buch ist mein Versuch, diese Lücke zu schließen.

Es basiert auf von Fachleuten begutachteten Studien, klinischen Belegen und – vor allem – jahrelanger Forschung an Lungen, Arterien und Herzen, die durch chronischen Marihuanakonsum geschädigt wurden. Obwohl Marihuana medizinische Anwendungen haben und in bestimmten Kontexten möglicherweise sicherer als Tabak ist, ist das Rauchen dennoch schädlich.*nicht*Eine risikofreie Handlung. Rauch, egal woher er kommt, hat Folgen. Die Lunge ist nur für Luft geschaffen – nicht für mehr. Und das Herz unterscheidet, anders als die öffentliche Meinung, nicht zwischen „organisch" und „synthetisch".

Ich habe dieses Buch geschrieben, weil viele meiner Patienten, die mit schweren Herz- oder Lungenerkrankungen zu mir kamen, schockiert waren, als sie erfuhren, dass ihr täglicher Marihuanakonsum eine Rolle gespielt hatte. Sie hatten keine Ahnung. Niemand hatte sie gewarnt. Und als sie schließlich auf meinem Operationstisch lagen, war der Schaden bereits angerichtet.

Wenn dieses Buch auch nur eine Sache bewirkt – und auch nur einer einzigen Person hilft, eine fundiertere Entscheidung zu treffen –, dann hat es seinen Zweck erfüllt.

Keine Panikmache. Keine Übertreibungen. Nur die Wahrheit, wie die Medizin sie sieht.

—Jessica Hintz
Dezember 2025

INHALT

Kapitel 1 – Die organische Illusion: Warum Menschen denken, Marihuana-Rauch sei sicher

Seit Jahrzehnten wird den Menschen eingetrichtert, dass alles „Natürliche“ harmlos, ja sogar nützlich sein müsse. Diese Vorstellung ist so tief in der modernen Kultur verwurzelt, dass allein die Erwähnung von etwas Natürlichem als irritierend gilt.*Bio*Es scheint jegliche Vorsicht außer Kraft zu setzen. Marihuana steht, vielleicht mehr als jede andere Substanz, im Zentrum dieser Illusion. Mit der zunehmenden Legalisierung und der Darstellung der Pflanze in den sozialen Medien als harmlose Wohltat hat sich der Glaube, dass Marihuana-Konsum kaum oder gar kein Risiko birgt, zu einer kollektiven Annahme entwickelt – einer Annahme, die weit über eine bloße Gewohnheit hinausgewachsen ist und mittlerweile einer kulturellen Wahrheit gleicht.

Diese Illusion beginnt mit einem simplen Sprachmissverständnis. Wenn eine Substanz als natürlich bezeichnet wird, neigt der menschliche Verstand dazu, ihre Schattenseiten zu beschönigen. Es gibt einen psychologischen Instinkt, der „natürlich“ mit „sicher“ gleichsetzt, als ob die Erde selbst nichts Schädliches hervorbringen würde. Man vergisst dabei, dass viele der tödlichsten Substanzen – Schierling, Arsen, Tollkirsche, Giftpilze, Tabak – völlig natürlich sind. Doch die moderne Welt hat dem Begriff „natürlich“ ein negatives Image verliehen.*Bio*Von Lebensmitteln über Hautpflegeprodukte bis hin zu pflanzlichen Heilmitteln – all dies wird mit einem Nimbus der Reinheit umhüllt, der sich sogar auf Produkte mit eindeutigen Risiken erstreckt. Auch Marihuana wurde durch jahrzehntelange kulturelle Botschaften in diesen Nimbus aufgenommen. Es gilt als uralt, natürlich, im Boden gewachsen und nicht im Labor hergestellt und birgt daher vermutlich keine der Gefahren, die typischerweise mit chemischen Rauschmitteln in Verbindung gebracht werden.

Die Wurzeln dieser Illusion reichen tief und reichen zurück zu Generationen, die Marihuana eher als Symbol der Rebellion denn als Gegenstand wissenschaftlicher Forschung betrachteten. Ältere kulturelle Bewegungen glorifizierten es als harmlose Fluchtmöglichkeit, als Pflanze, die scheinbar Trost ohne Folgen bot. In den 1970er und 1980er Jahren entstand ein Narrativ, in dem Marihuana-Konsumenten ihre Wahl stolz dem düsteren Image von Alkohol oder harten Drogen gegenüberstellten. Geschichten von Menschen, die jahrelang rauchten, ohne größere Probleme zu haben, wurden weitergegeben, und diese Anekdoten galten als Beweis an sich. Es setzte sich der Glaube durch, Marihuana sei das sanfteste aller Laster, etwas Mildes und Verzeihendes – fast schon ein gesundheitsförderndes Ritual statt einer Gewohnheit.

Der Einfluss der Generationen reichte noch weiter. Als neue Generationen von jungen Menschen Marihuana für sich entdeckten, übernahmen sie die verharmloste Sichtweise der vorherigen Generationen. Sie wuchsen damit auf, dass Marihuana nur eine Pflanze sei, weniger gefährlich als Zigaretten und nicht die gleichen Langzeitfolgen wie Tabak habe. Manche sahen Großeltern oder Eltern, die es zum Vergnügen konsumierten, ohne dass offensichtliche Schäden auftraten. Diese Beispiele, selbst wenn sie nur begrenzt oder unvollständig waren, bestärkten den Glauben, dass Marihuana die sicherste Form des Rauchens sei – sofern man es überhaupt als Rauchen bezeichnen konnte.

Doch noch etwas anderes nährte diese Illusion: der kulturelle Wandel, der mit der Legalisierung einherging. Da sich die Gesetze in verschiedenen Ländern und Bundesstaaten änderten, interpretierten viele die Legalisierung als Gütesiegel für medizinisches Cannabis. Man begann anzunehmen, dass Cannabis, wenn es von Regierungen zum Verkauf zugelassen wurde, wissenschaftlich auf seine Sicherheit geprüft worden sein müsse. Die Legalisierung schuf einen Sicherheitsaura, der weit über die ursprüngliche Absicht hinausging. Vielen war nicht bewusst, dass die Legalisierung oft aus sozialen und politischen Gründen erfolgte, nicht aus rein medizinischen. Die Öffentlichkeit unterscheidet selten zwischen Regulierung und Befürwortung. Wenn dort, wo einst Spirituosenläden standen, Cannabis-Apotheken eröffnen und Hochglanzmenüs Sortenbeschreibungen bieten, die eher an Teeetiketten als an Warnhinweise zu Medikamenten erinnern, verstärkt sich die unbewusste Schlussfolgerung: Das muss sicher sein.

Marketing spielte eine entscheidende Rolle bei der Gestaltung dieser Wahrnehmung. Die Verkaufsstellen glichen selten Apotheken oder Kliniken; stattdessen wirkten sie gemütlich, künstlerisch, ja sogar luxuriös. Die Produkte waren in eleganten Dosen oder umweltfreundlichen Beuteln verpackt, die Etiketten mit Blättern, sanften Farben und naturnahen Schriftarten verziert. Es gab beruhigende Namen, die Ruhe, Kreativität oder Heilung betonten. Die gesamte Präsentation war darauf ausgelegt, ein Gefühl von Wohlbefinden zu vermitteln, was die Annahme bestärkte, dass die Risiken minimal seien. Wenn ein Produkt in einem hellen, modernen Laden mit Topfpflanzen in der Ecke und entspannender Musik im Hintergrund verkauft wird, fällt es schwer, sich vorzustellen, dass es die Lunge schädigen oder das Herz belasten könnte.

Soziale Medien verstärkten diese Illusion, bis sie sich zu einer weitverbreiteten Überzeugung entwickelte. Auf Plattformen voller kurzer Videos und sorgfältig ausgewählter Bilder wird Marihuana oft als Lifestyle-Accessoire dargestellt, anstatt als Substanz mit physiologischen Folgen. Nutzer sahen zu, wie Nutzer mühelos Joints drehten, Rauch in die Abendluft ausatmeten oder leise darüber sprachen, wie Marihuana ihnen beim Entspannen half. Die Kommentare unter solchen Beiträgen spiegelten oft dieselbe Ansicht wider: Marihuana sei sicherer als Alkohol, sicherer als Zigaretten, sicherer als Stress. Die Betrachter scrollten durch diese Bilder, ohne zu bemerken, dass keines von ihnen die biologischen Folgen des Rauchens in der Lunge oder die tatsächlichen Auswirkungen auf das Herz-Kreislauf-System zeigte.

Eine weitere Ebene dieser Illusion entstand durch den Vergleich von Marihuana und Tabak. Viele glaubten, Marihuana sei die gesündere Wahl, da es kein Nikotin enthielt und nicht mit großen Tabakkonzernen in Verbindung stand. Sie nahmen an, Tabak allein verursache Lungenkrebs oder chronische Bronchitis, und ignorierten dabei, dass beim Verbrennen von Pflanzenmaterial schädliche Chemikalien und giftige Partikel freigesetzt werden. Manche Konsumenten redeten sich sogar ein, ihre Inhalationsmethode sei schonender oder ihr Konsum seltener, weshalb sie sich keinem nennenswerten Risiko aussetzten. Diese Vergleiche erlaubten es ihnen, ihren Konsum zu rechtfertigen, indem sie Marihuana als das kleinere Übel ansahen.

Die Wellnessbranche übte ihren eigenen Einfluss aus. Mit der Flut von CBD-Produkten auf dem Markt verschwamm die Grenze zwischen medizinischem Nutzen und dem Genussmittelkonsum. Öle, Gummibärchen, Tinkturen und Lotionen wurden mit Versprechen gegen Schlafstörungen, Angstzustände und Entzündungen beworben. Wissenschaftlich klingende Aussagen wurden mit Begriffen wie Cannabinoiden und Terpenen in Verbindung gebracht. Obwohl sich CBD und THC in ihren Wirkungen und Risiken deutlich unterscheiden, wurden sie vom Durchschnittsverbraucher oft unter dem Vorwand eines allgemeinen therapeutischen Nutzens zusammengefasst. Wenn CBD gut für den Körper sei, so die Argumentation, könne gerauchtes Marihuana nicht weit davon entfernt sein. Eine Pflanze, die in der einen Form Angstzustände oder Schmerzen linderte, konnte in der anderen sicherlich nicht schädlich sein. Die Wellnesskultur, die natürliche Heilmittel propagierte, schürte ungewollt ein Missverständnis über die Sicherheit des Inhalierens von Marihuana-Rauch.

Die psychologische Ebene dieser Illusion ist womöglich die stärkste von allen. Menschen neigen dazu, sich mehr auf persönliche Erfahrungen als auf wissenschaftliche Daten zu verlassen. Wenn jemand Marihuana raucht und sich ruhig statt krank fühlt, wird er die Erfahrung als harmlos einstufen. Das Ausbleiben unmittelbarer Schäden überzeugt das Gehirn davon, dass keine versteckte Gefahr besteht. Der Körper sendet keine offensichtlichen Signale, dass die Lunge mit Teer überzogen wird oder dass die Arterien eine subtile Entzündung aufweisen. Da sich die Folgen schleichend entwickeln, erscheint Marihuana im Moment harmlos. Dies bestärkt den Glauben, dass das Risiko gering oder gar nicht vorhanden sein muss. Der Verstand erwartet eine schnelle Rückmeldung, und wenn diese ausbleibt, geht er von Sicherheit aus.

Menschen unterschätzen Risiken auch dann, wenn die Gefahr weit entfernt oder abstrakt erscheint. Herzkrankheiten oder Lungenschäden scheinen etwas zu sein, das nur ältere Menschen oder starke Tabakkonsumenten betrifft, nicht aber diejenigen, die am Wochenende ein paar Joints rauchen oder abends Cannabis zum Einschlafen konsumieren. Sie stellen sich Schäden als etwas Dramatisches und Unmittelbares vor, nicht als eine langsame, unbemerkte Anhäufung. Da die frühen Stadien von Herz-Kreislauf-Belastung oder Lungenreizung keine dramatischen Symptome hervorrufen, glauben Konsumenten, sie seien vor Schaden bewahrt. Dieses trügerische Gefühl der Unversehrtheit bestärkt den Glauben, Cannabis sei besonders harmlos.

Darüber hinaus konzentriert sich die öffentliche Debatte um Cannabis oft auf die potenziellen Vorteile, während die Risiken weitgehend unerwähnt bleiben. Man hört von seiner Fähigkeit, Übelkeit zu lindern, den Appetit anzuregen oder Beschwerden in medizinischen Kontexten zu lindern. Man hört von seiner Anwendung bei Krebspatienten oder Menschen mit chronischen Schmerzen. Man erfährt von Sorten, die zur Entspannung oder Förderung der Kreativität entwickelt wurden. Man sieht Dokumentationen, in denen Experten sein therapeutisches Potenzial diskutieren. All dies führt zu einem einseitigen Verständnis, das die Vielseitigkeit und die heilende Wirkung betont, anstatt die Folgen des Rauchens für Herz und Lunge zu beleuchten. Selbst wenn die Risiken anerkannt werden, werden sie tendenziell verharmlost, indem Cannabis mit gefährlicheren Substanzen verglichen wird. So entsteht nicht nur die Überzeugung, dass Cannabis sicher ist, sondern dass es die sicherste verfügbare Option ist.

Die Legalisierung stärkte das Vertrauen zusätzlich. Als Regierungen begannen, Anbaulizenzen zu vergeben, den Verkauf zu besteuern und standardisierte Verpackungen einzuführen, nahmen viele an, dass Cannabis denselben Sicherheitsprüfungen unterzogen worden sei wie Arzneimittel. Sie glaubten, es habe die regulatorischen Hürden zum Schutz der öffentlichen Gesundheit genommen. Die Wahrheit war jedoch komplexer. Zwar wurden Produktion, Vertrieb und Altersbeschränkungen reguliert, die langfristigen gesundheitlichen Folgen des Konsums konnten aber durch die Politik nicht beseitigt werden. Dennoch sah die Öffentlichkeit legales Cannabis als Zeichen von Vertrauenswürdigkeit, als wolle die Regierung signalisieren, dass die Risiken vernachlässigbar seien.

Mit der zunehmenden Akzeptanz von Cannabis entstand ein subtiles Stigma gegenüber jenen, die Bedenken äußerten. Wer vor den gesundheitlichen Folgen von Marihuana warnte, wurde oft als überholt oder uninformiert abgetan. Manche hörten, ihre Bedenken ähnelten alter Propaganda aus dem 20. Jahrhundert. Das kulturelle Pendel war so weit in Richtung Akzeptanz ausgeschlagen, dass jede Stimme, die Risiken erwähnte, übertrieben oder voreingenommen klang. Dies erschwerte es zusätzlich, dass echte wissenschaftliche Warnungen die Öffentlichkeit erreichten. Viele wollten schlichtweg nichts hören, was ihren seit Jahren bestehenden, bequemen Überzeugungen widersprach.

Doch trotz all dieser kulturellen, psychologischen und marketinggetriebenen Einflüsse bleibt der Körper gegenüber gesellschaftlichen Überzeugungen unbeeindruckt. Die Lunge unterscheidet nicht zwischen natürlichem und unnatürlichem Rauch. Das Herz passt seine Reaktion nicht an kulturelle Wahrnehmungen an. Das Herz-Kreislauf-System reagiert ausschließlich auf die chemischen und physikalischen Gegebenheiten, denen es ausgesetzt ist. Gelangt Marihuana-Rauch in die Lunge, verarbeitet der Körper ihn wie jede andere Form verbrannter organischer Substanz: mit Entzündungen, Reizungen, oxidativem Stress und einer erhöhten Belastung des Herzens. Diese Auswirkungen werden weder durch die Konsumabsicht noch durch die Herkunft der Pflanze abgemildert. Sie treten unbemerkt und ohne Vorwarnung auf, unabhängig davon, wie sicher der Konsument die Substanz einschätzt.

Dieses Kapitel enthüllt die Komplexität des Irrglaubens, Marihuana sei harmlos, nur weil es natürlich ist. Dieser Irrglaube wurzelt in jahrzehntelangen kulturellen Erzählungen, wird durch die Ästhetik der Legalisierung verstärkt, durch das Marketing der Wellnessindustrie unterstützt und durch psychologische Verzerrungen aufrechterhalten, die Menschen dazu verleiten, ihren eigenen Erfahrungen mehr zu vertrauen als wissenschaftlichen Erkenntnissen. Er wird weiter gefestigt durch Erzählungen von Freunden, durch sorgfältig ausgewählte Social-Media-Beiträge, durch ansprechende Verpackungen und durch das Ausbleiben unmittelbarer Symptome nach dem Inhalieren.

Zu verstehen, warum diese Illusion existiert, ist der erste Schritt zu ihrer Entlarvung. Nur wenn man die Kräfte erkennt, die diesen Glauben geprägt haben, kann man Cannabis unvoreingenommen und nicht vorschnell beurteilen. Die Wahrheit ist nicht, dass Cannabis an sich böse oder generell schädlich ist. Es ist vielmehr so, dass das Rauchen jeglicher Substanzen – selbst natürlicher – Risiken birgt, die sich nicht durch kulturelle Wahrnehmung oder persönliche Vorlieben ausblenden lassen. Dieses Buch will die Mythen entlarven, die die Diskussion trüben, die medizinische Realität aufzeigen und dazu beitragen, den Körper nicht als abstrakte Maschine, sondern als sensibles System zu verstehen, das auf jede Substanz reagiert, mit der es in Kontakt kommt. Die Illusion von Sicherheit ist mächtig, doch Wissen ist stärker.

Kapitel 2 – Die Perspektive des Chirurgen: Was 25 Jahre im Operationssaal offenbarten

Er sagte oft, die Ausbildung eines Chirurgen beginne erst lange nach dem Medizinstudium, wenn der erste Brustkorb geöffnet werde und die Realität der menschlichen Zerbrechlichkeit wie Dampf vom OP-Tisch aufsteige. Dr. Jeremy London hatte diesen Satz unzählige Male gegenüber Assistenzärzten wiederholt, die ihm mit der ehrfürchtigen Distanz von Schülern zusahen, die einem Meister ihres Fachs zusehen. Doch am tiefsten verinnerlichte er ihn immer dann, wenn er auf ein Paar Lungen blickte, die so gar nicht zu den Erzählungen eines Patienten über seinen Lebensstil passten. Fünfundzwanzig Jahre im Operationssaal hatten ihm viele Wahrheiten gelehrt, aber keine hatte ihn so sehr beunruhigt wie das unübersehbare Muster bei Patienten, die beteuerten, „gesund" zu sein – jene, die nie geraucht hatten und deren Lungen so dunkel waren, dass er einmal bemerkt hatte, sie sähen aus, als hätte sich ein Schornsteinfeger darin eingenistet.

Er erinnerte sich an den ersten Fall, der ihn gezwungen hatte, die gängigen Annahmen über Marihuana zu hinterfragen. Es war zu Beginn seiner Karriere, als er noch blindlings den Angaben seiner Patienten vertraute. Ein junger Mann Anfang dreißig wurde mit Brustschmerzen eingeliefert. Sein Gesicht war blass, Schweißperlen standen ihm auf der Stirn, und er hatte nie geraucht. Er war relativ fit, in seiner Familie gab es keine nennenswerte Herzkrankheit, und der Bericht der Notaufnahme deutete auf ein ungewöhnlich junges Alter als Kandidat für eine Bypass-Operation hin. Als Dr. London den Brustkorb öffnete und die Arterien sah, war der Schock sofort da. Sie waren verengt, steif und verdickt und ähnelten den Gefäßen, die er sonst bei Männern sah, die doppelt so alt waren wie der Patient – Männer, die jahrzehntelang täglich ein oder zwei Schachteln Zigaretten geraucht hatten. Er erinnerte sich, wie er die verstopfte Arterie anstarrte und dachte, dass die Zahlen, das Alter, die Vorgeschichte – nichts davon ergab Sinn. Als der Patient später gestand, seit dem College täglich Marihuana zu konsumieren, notierte Dr. London dies zwar stillschweigend, wusste aber zu dem Zeitpunkt noch nicht genau, was er davon halten sollte. Ein Einzelfall war kein Muster.

Doch Muster offenbaren sich jenen, die sich täglich mit Anatomie beschäftigen. Über die Jahre wiederholten sich die Geschichten mit unheimlicher Konstanz. Eine Frau in ihren Vierzigern, die nie geraucht hatte, kam mit instabiler Angina pectoris und musste sich schließlich einer dreifachen Bypass-Operation unterziehen. Ihre Arterien waren so stark verhärtet und verengt, dass sich der Arzt fragte, wie sie überhaupt noch zurechtgekommen war. Auf die Frage nach Tabak antwortete sie leise und gab zu, noch nie eine Zigarette geraucht zu haben. Doch als ihr Mann erwähnte, dass sie „jeden Abend ein bisschen Marihuana zum Entspannen" rauche, fügte sich das fehlende Puzzleteil ein. Dr. London hatte damals gelernt, dass die Menschen Marihuana als nicht so riskant wie andere Rauchprodukte ansahen, als ob die natürliche Herkunft der Pflanze sie vor physiologischen Folgen schützen würde.

Im Operationssaal hingegen war Rauch einfach Rauch, und die Lunge log nicht.

Er erinnerte sich an Operationen, bei denen er den Brustkorb geöffnet und aufgrund der Patientenangaben relativ normales Lungengewebe erwartet hatte. Stattdessen bot sich ihm eine geschwärzte, fleckige Oberfläche, die sich unter seinen behandschuhten Händen wie eine beschädigte Plane zusammenfaltete. Er konnte die Ungläubigkeit der Medizinstudenten förmlich hören, die ihm über die Schulter schauten und flüsterten, dass in der Akte stehe, der Patient rauche nicht. Er antwortete dann mit einer ruhigen Erklärung, in der sanften Stimme eines Mannes, der dies schon oft erlebt hatte: Der Patient konsumiere regelmäßig Marihuana. Er beschrieb, welche Wirkung Teer unabhängig von der Pflanze hat, wie Entzündungen nicht zwischen Tabakblättern und Cannabis-Harz unterscheiden und wie die Lunge Schadstoffe verarbeitet, ohne die Absichten desjenigen zu berücksichtigen, der sie einatmet.

Dr. London ging seiner Arbeit stets mit einer bedächtigen Ruhe nach, einer Ruhe, die es ihm erlaubte, selbst während einer Herzoperation zu sprechen. Doch je länger er praktizierte, desto frustrierter war er über das hartnäckige Missverständnis, Marihuana sei irgendwie harmlos, nur weil es pflanzlich und nicht industriell hergestellt sei. Er erinnerte sich an die unzähligen Male, als Angehörige überrascht dreinblickten, wenn er ihnen die wahrscheinliche Ursache der Herzkrankheit ihres Lieben erklärte. Verwundert antworteten sie, Marihuana sei nicht wie Zigaretten, sondern natürlich und wachse aus der Erde. Jedes Mal hörte er geduldig zu, doch innerlich spürte er dieselbe vertraute Enttäuschung. Er hatte längst verstanden, dass Menschen oft nur das sehen, was sie sehen wollen, und dass die Erzählung um Marihuana nicht von der Medizin, sondern von Kultur, Bequemlichkeit und dem Volksglauben geprägt war.

Eine bestimmte Operation blieb ihm besonders lebhaft in Erinnerung. Der Patient war ein 52-jähriger Mann mit schwerer Koronararterienverengung und plötzlicher Atemnot. Äußerlich wirkte er wie ein durchschnittlicher Mann mittleren Alters mit einem relativ normalen Lebensstil. Er trank nicht übermäßig Alkohol, hatte eine körperlich anstrengende Arbeit und war nie Raucher gewesen. Als Dr. London den Brustkorb öffnete, bot sich ihm ein erschreckender Anblick. Die Lunge war schwarz verfärbt, mit rußartigen Ablagerungen übersät, die sich ungleichmäßig über das Gewebe verteilten. Er hatte schon ähnliche Lungen gesehen, doch was diesen Fall so beunruhigend machte, war die Weigerung des Patienten, zu glauben, dass sein Rauchen zu seinem Zustand beigetragen haben könnte. Als man ihm sagte, dass sein Marihuanakonsum – fast 20 Jahre lang täglich Joints – wahrscheinlich eine große Rolle gespielt hatte, beharrte er darauf, dass dies unmöglich sei. Er beschrieb Marihuana als rein, natürlich und harmlos im Vergleich zu Zigaretten. Dr. London erinnerte sich daran, wie die Stimme des Mannes beim Sprechen leicht anstieg, als würde er einen vertrauten Freund verteidigen, und ihm wurde in diesem Moment bewusst, wie tief diese Überzeugungen in den Köpfen der Menschen verwurzelt waren.

Im Operationssaal lösten sich Überzeugungen unter dem hellen OP-Licht auf. Die Biologie kümmerte sich nicht darum, was ein Mensch für richtig hielt; sie spiegelte lediglich die Konsequenzen der im Laufe der Zeit getroffenen Entscheidungen wider.

Operationen waren zwar die dramatischsten Situationen, in denen diese Wahrheiten zutage traten, doch Dr. London begegnete ihnen auch in ruhigeren Patientengesprächen. Bei Routineuntersuchungen berichteten Patienten von Atemnot, Engegefühl in der Brust oder ungewöhnlicher Müdigkeit. Sie leugneten den Zigarettenkonsum vehement und waren oft stolz darauf, dem ihrer Meinung nach schädlichsten Laster zu entgehen. Doch sobald das Gespräch auf Marihuana kam, erwähnten sie es beiläufig, als ob es kaum ein Risiko darstellte. Viele Patienten gaben an, nur „ein bisschen" Marihuana zu rauchen, wobei das Wort „ein bisschen" den täglichen oder fast täglichen Konsum verschleierte. Er hörte zu und rechnete im Geiste die Jahre der Exposition aus, da er wusste, wie die Lungen solcher Menschen von innen aussahen.

Ihm wurde klar, dass die Gesellschaft die Risiken von Marihuana-Rauch nicht nur unterschätzt, sondern sie gänzlich ignoriert hatte. Er hatte einmal mit einer Gruppe Assistenzärzten zusammengesessen, die bezweifelten, ob Marihuana-Rauch tatsächlich denselben Grad an Arterienschäden verursachen könne wie Tabak. Er hatte ihnen Bilder von früheren Operationen gezeigt und die Läsionen, Verstopfungen und verdickten Arterienwände verglichen. Außerdem hatte er ihnen detailliert erklärt, wie die Partikel von brennenden Pflanzen oxidativen Stress, Entzündungen und Endothelschäden hervorrufen. Ein Assistenzarzt hatte überrascht bemerkt, dass Marihuana noch nie zuvor als kardiovaskuläres Risiko dargestellt worden sei. Dr. London hatte geantwortet, dass das fehlende Gespräch nicht auf fehlende Konsequenzen, sondern lediglich auf mangelndes Bewusstsein zurückzuführen sei.

Über Jahrzehnte hinweg beobachtete er, wie wissenschaftliche Studien nach und nach bestätigten, was er schon seit Jahren beobachtet hatte. Studien zeigten ein erhöhtes Risiko für Herzinfarkte bei jüngeren Marihuana-Konsumenten, vermehrtes Auftreten von Herzrhythmusstörungen nach Cannabiskonsum und Anzeichen von Lungenreizungen, ähnlich denen bei regelmäßigen Tabakrauchern. Er sah, wie Gesundheitseinrichtungen vorsichtig begannen, die Risiken anzuerkennen, während die öffentliche Wahrnehmung um viele Jahre hinterherhinkte. Es frustrierte ihn, wie stark die Kultur Gesundheitsentscheidungen beeinflussen konnte – wie eine oft genug wiederholte Überzeugung in den Köpfen derer, die eher nach Bestätigung als nach der Realität suchten, zur Wahrheit wurde.

Doch die Chirurgie hatte ihn gelehrt, der Realität ohne Zögern ins Auge zu sehen. Er hatte Operationen miterlebt, bei denen ein Herz innerhalb weniger Minuten angehalten und wiederbelebt werden musste, bei denen eine einzige falsche Bewegung über Leben und Tod entschied. In solchen Momenten war Klarheit wichtiger als Komfort. Und die Klarheit, die er in fünfundzwanzig Jahren gewonnen hatte, war unmissverständlich: Marihuana-Rauch hatte reale, messbare und gefährliche Folgen.

Er erinnerte sich an die Nächte, in denen er nach einer langen Operation das Krankenhaus verließ, der Geruch von Desinfektionsmittel noch an seiner OP-Kleidung hing, und dachte darüber nach, wie seltsam es war, dass Lungen Geschichten erzählen konnten, die die Menschen nicht hören wollten. Das Gewebe offenbarte jahrelanges Einatmen, Entzündungsmuster, Schäden durch Giftstoffe und die unverkennbare Signatur des Rauchs. Manche Lungen erschienen rosig und gesund, andere mit schwarzem Teer marmoriert, und manche waren so geschädigt, dass sie sich kaum noch ausdehnen konnten. Wenn er von Marihuana verfärbte Lungen sah, war das nie nur eine medizinische Feststellung; es war eine Erinnerung daran, dass die Gesellschaft etwas Wichtiges übersehen hatte, etwas, das nur für diejenigen sichtbar war, die im Inneren des Körpers arbeiteten.

Er hatte auf Konferenzen über diese Erfahrungen gesprochen, obwohl er oft den Eindruck hatte, das Publikum sei gespalten: Die einen akzeptierten die Beweise, die anderen zögerten, weil das Thema persönliche Überzeugungen oder politische Debatten berührte. Er war stets neutral vorgegangen, hatte Daten präsentiert und Fälle ohne Übertreibung geschildert. Dennoch blieb die Überraschung in den Gesichtern der Zuhörer bestehen. Viele kamen anschließend auf ihn zu und sagten leise, sie hätten Marihuana nie als Risikofaktor für Herz-Kreislauf-Erkrankungen betrachtet. Einige gaben sogar zu, selbst zu konsumieren, und fragten, ob sie sich Sorgen machen müssten. Er antwortete ehrlich und erklärte ihnen, dass das Risiko mit Häufigkeit, Dauer und Konsumart steige. Er schilderte seine Beobachtungen und warum sie ihn zutiefst beunruhigten, woraufhin sich ihr anfängliches Interesse in nachdenkliche Besorgnis wandelte.

Im Laufe der Jahre beobachtete er auch, wie die Marihuana-Kultur die Verleugnung der Gefahren prägte. Die Menschen glaubten an seinen natürlichen Ursprung, so wie andere an traditionelle Heilmittel glaubten, die seit Generationen weitergegeben wurden. Er erinnerte sich an einen Patienten, der mit verwirrter Stimme darauf bestanden hatte, dass Marihuana doch nur eine Pflanze sei, wie könne es also denselben Schaden wie Zigaretten anrichten? Er hatte ihm sanft geantwortet, dass Tabak auch eine Pflanze sei und die Gefahr nicht im Blatt selbst liege, sondern im Verbrennen, dem Einatmen der Verbrennungsrückstände und der Ansammlung von Giftstoffen im Körper. Der Patient hatte langsam genickt und die Erklärung schweigend verinnerlicht, und Dr. London hatte erneut die Kluft zwischen der öffentlichen Meinung und der medizinischen Realität erkannt.

Trotz der Missverständnisse begegnete er jedem Patienten mit derselben unerschütterlichen Geduld. Er verstand, dass Menschen Informationen nicht absichtlich falsch nutzten; sie folgten einfach Erzählungen, die ihnen vertraut oder beruhigend erschienen. Doch er wusste auch, wie wichtig es war, über diese Risiken aufzuklären und seine jahrelange Erfahrung zu nutzen, um den Glauben an die Harmlosigkeit von Marihuana-Rauch zu widerlegen. Jede geschwärzte Lunge, jede unerwartet verstopfte Arterie, jede Operation, die unverhältnismäßige Schäden offenbarte, erinnerte ihn daran, wie wichtig diese Botschaft war.

In den letzten Jahren seiner Karriere festigte sich seine Überzeugung noch mehr. Er sah jüngere Patienten, die Herzprobleme entwickelten, die zuvor hauptsächlich bei älteren Menschen auftraten. Er beobachtete zunehmend Fälle von Brustschmerzen im Zusammenhang mit Cannabiskonsum, insbesondere bei Konsumenten von E-Zigaretten oder hochpotenten Produkten. Und er sah, wie viele weiterhin glaubten, Marihuana-Rauch folge anderen Gesetzmäßigkeiten als Rauch anderer Substanzen. Jeder dieser Fälle bestärkte ihn in der Erkenntnis, dass ein Buch wie dieses notwendig war, dass jemand mit eigener Erfahrung klar und deutlich darüber sprechen musste, was in den Körpern der Menschen im ganzen Land vor sich ging.

Als er sich schließlich entschloss, darüber zu schreiben, ging er die Aufgabe mit derselben unerschütterlichen Konzentration an, mit der er im Operationssaal gearbeitet hatte. Er wollte, dass die Leser nachempfinden konnten, was er gefühlt hatte, als er die Brustkörbe öffnete, und verstehen konnten, was er verstanden hatte, als die Lungen ihre stummen Geschichten erzählten. Er wusste, dass er sie nicht physisch in den Operationssaal bringen konnte, aber er konnte sie nah genug heranführen, um die Wahrheit zu erkennen: dass der menschliche Körper alles aufzeichnet, dass Natürlichkeit keine Garantie für Sicherheit ist und dass das Ignorieren von Risiken niemanden vor deren Folgen schützt.

Als er auf fünfundzwanzig Jahre Operationen, Nachgespräche und schmerzhafte Erkenntnisse zurückblickte, verspürte er eine tiefe Verantwortung, sein Wissen weiterzugeben. Dieses Buch war sein Versuch, die Sprache der Lunge und der Arterien in verständliche Worte zu fassen. Ihm ging es nicht um Verurteilung oder Angst, sondern um Klarheit, Bewusstsein und Prävention. Der Operationssaal hatte ihm Einblicke gewährt, die vielen verborgen bleiben, und er war überzeugt, es sei an der Zeit, diesen Schleier für alle Interessierten zu lüften.

Die Lungen, die er operiert, die Herzen, die er repariert und die Patienten, mit denen er gesprochen hatte, bildeten die Kapitel seines Berufslebens. Und in jedem dieser Kapitel kristallisierte sich eine beständige und unbestreitbare Lektion heraus: Rauch, egal woher er kam, hinterließ Spuren. Jahrzehntelang hatte er die Folgen beseitigt. Nun hoffte er mit diesem Buch anderen zu helfen, diese zu vermeiden.

Kapitel 3 – Rauch ist Rauch: Wofür die Lunge eigentlich geschaffen wurde

Die Lunge war schon immer eine der elegantesten Strukturen des menschlichen Körpers gewesen, ein Paar leiser, rhythmisch arbeitender Maschinen, die ohne Murren funktionierten, solange sie das bekamen, wofür sie ursprünglich geschaffen war – saubere Luft. Dr. London hatte in langen Nächten im Krankenhaus oft über ihre Einfachheit und Perfektion nachgedacht, wenn er im Dämmerlicht des Operationssaals saß und Patientenaufnahmen auswertete. Derselbe Gedanke kehrte über die Jahre immer wieder in ihm zurück: Die Lunge hatte sich nur für einen einzigen Zweck entwickelt: den Gasaustausch, den Tausch von Sauerstoff gegen Kohlendioxid in einem so effizienten Kreislauf, dass selbst die geringste Störung zu Krankheiten führen konnte. Doch die Menschen behandelten sie, als wären sie Filter, die alle Substanzen verarbeiten konnten, die sie einatmeten, als besäßen die Lungen eine geheime Widerstandsfähigkeit, die der Mensch erfunden und nicht von der Natur geerbt hatte.

Er erinnerte sich an einen Vortrag vor einer Gruppe Medizinstudenten im ersten Jahr seiner Laufbahn. Sie hatten Diagramme von Alveolen betrachtet – winzigen, traubenförmigen Säckchen an den Enden der verzweigten Bronchiolen – und er hatte versucht zu erklären, wie zerbrechlich diese Strukturen tatsächlich sind. Er erklärte ihnen, dass jedes Lungenpaar etwa 300 Millionen Alveolen enthält, jede einzelne dünner als ein Blatt Papier, umgeben von noch dünneren Kapillaren. Er hatte erläutert, dass ihre gesamte Funktion von dieser hauchdünnen Beschaffenheit abhängt, da Sauerstoff nur durch Gewebe ohne Widerstand gelangen kann. Die Studenten hörten mit der Faszination zu, die man empfindet, wenn man etwas Neues lernt, aber er fragte sich damals, ob selbst sie begriffen, wie ungeeignet die Lunge für den Umgang mit Rauch ist.

Im Laufe der Jahre erkannte er, dass die meisten Menschen außerhalb der Medizin die Lunge für robuster hielten, als sie tatsächlich war. Sie stellten sich die Lunge als stabile Säcke vor, die Giftstoffe mit einem kräftigen Husten oder wenigen tiefen Atemzügen ausstoßen konnten. Man ging allgemein davon aus, dass die Lunge, da sie ständig Luft verarbeitet, auch Verunreinigungen problemlos abbauen könne. Dieser Glaube hatte sich verstärkt, als die Gesellschaft die Idee von „natürlichen“ Produkten immer mehr akzeptierte. Als Marihuana allgemein als biologisch und harmlos galt, interpretierten viele diese Bezeichnung so, dass das Verbrennen und Inhalieren ebenso harmlos sei. Die Logik schien zu sein, dass alles, was in Erde wächst, die Reinheit seines Ursprungs in sich trägt. Doch Dr. London hatte immer wieder erlebt, was geschah, wenn diese Annahme mit der Physiologie kollidierte.

Er hatte einer Patientin einmal erklärt, dass Sauerstoff nicht einfach eingeatmet, sondern durch eine so dünne Membran gelöst werde, dass es einem Wunder gleichkomme, dass diese überhaupt zusammenhalte. Die Patientin, eine Frau mittleren Alters, die seit Jahren Marihuana konsumierte, hatte verwirrt gefragt, ob die Lunge nicht von Natur aus die Fähigkeit zur Selbstreinigung besitze. Er hatte geantwortet, dass die Lunge mithilfe von Zilien – winzigen, haarähnlichen Strukturen, die Schmutzpartikel nach oben befördern – zwar kleine Partikel entfernen könne, ihr Reinigungssystem aber eher einem feinen Besen als einem Industriesauger gleiche. Rauchpartikel, Teertröpfchen und verbrannte organische Stoffe überlasteten diese Systeme schnell, setzten sich an Oberflächen fest und störten die sanften Bewegungen, die sich über Millionen von Jahren entwickelt hatten, um die Lunge sauber zu halten.

Was die meisten Menschen nicht verstanden, dachte er oft, war, dass Rauch nicht einfach nur mit Geschmack oder Duft gefärbte Luft war; er war ein komplexes Gemisch aus winzigen Partikeln, Gasen, Chemikalien und Giftstoffen, die bei der Verbrennung entstanden. Ob Tabak, Marihuana, Holz, Weihrauch oder sogar Bio-Kräuter verbrannt wurden – der Verbrennungsprozess selbst erzeugte Substanzen, für deren Verarbeitung die Lunge nicht ausgelegt war. Manchmal beschrieb er Rauch als einen Sturm mikroskopisch kleiner Splitter, von denen jedes einzelne klein genug war, um die körpereigenen Abwehrmechanismen zu überwinden und sich im Gewebe einzunisten. Manche Partikel verursachten Entzündungen, andere oxidativen Stress, und viele blieben einfach in der Lunge.

Er erinnerte sich an einen Moment während seiner Assistenzarztzeit, als er zum ersten Mal ein pathologisches Präparat der Lunge eines Patienten sah, der regelmäßig Rauch eingeatmet hatte. Das Präparat zeigte schwarze Ablagerungen, die wie Rußkörner über das Lungengewebe verstreut waren. Sein Oberarzt hatte darauf gezeigt und sachlich erklärt, dass diese Ablagerungen jahrzehntelang in der Lunge verbleiben könnten. Dr. London starrte das Präparat an und erkannte, wie naiv er gewesen war, anzunehmen, die Lunge würde alles Schädliche ausscheiden. Diese einfache Beobachtung prägte sein Verständnis für die kommenden Jahre: Die Lunge speichert die Geschichte dessen, was Menschen eingeatmet haben, und hält sie in Gewebe fest, das sich nicht reinigen lässt.
Er dachte oft an die Millionen von Lungenbläschen, deren Funktion davon abhing, offen, elastisch und frei von Verstopfungen zu bleiben. Jedes Lungenbläschen benötigte dünne Wände, um den Sauerstoffaustausch zu maximieren. Verdickten sich diese Wände durch Entzündungen, verlangsamte sich der Austausch. Belag sich Teer auf den Oberflächen, verschlechterte sich der Austausch weiter. Versteifte chronische Reizung das umliegende Gewebe, hatten die Lungen Schwierigkeiten, sich auszudehnen. Und wenn die Lungen Schwierigkeiten hatten, hatte auch das Herz Schwierigkeiten und pumpte stärker, um die reduzierte Sauerstoffversorgung auszugleichen. Er hatte diese Belastung bei unzähligen Operationen gesehen, das Herz arbeitete auf Hochtouren, während die Lungen die unverkennbaren Narben jahrelanger Rauchexposition zeigten.

In seinen öffentlichen Vorträgen über die Gefahren des Marihuana-Rauchs versuchte er mitunter, mithilfe von Analogien das Thema auch Laien verständlich zu machen. Er verglich die Lunge mit einem Schwamm, der Wasser aufsaugen soll. Würde man Öl darüber gießen, würde der Schwamm zunächst noch Wasser aufnehmen, doch mit der Zeit würde das Öl in die Poren eindringen, die Oberfläche beschichten und die Struktur des Schwamms dauerhaft verändern. Mit der Zeit würde der Schwamm steif und könnte seine Funktion nicht mehr richtig erfüllen. Ähnlich verhält es sich mit dem Rauch: Er wirkt wie dieses Öl, legt sich wie ein Film über die Poren und verstopft die Lungen, bis die natürliche Weichheit und Elastizität des Lungengewebes chronischer Reizung und Steifheit weicht.

Ihm fiel auf, wie schockiert die Menschen oft reagierten, wenn er erklärte, dass allein das Verbrennen einer Pflanze Tausende von Chemikalien erzeugt, von denen viele unabhängig von der Herkunft der Pflanze schädlich sind. Überrascht fragten sie, ob Marihuana-Rauch Teer enthalte, und er bejahte dies, wie bei jedem anderen Rauch auch. Er erklärte, dass Teer keine spezifische Substanz sei, die nur in Tabak vorkomme, sondern eine Gruppe klebriger, kohlenstoffreicher Partikel, die bei der Verbrennung organischen Materials entstünden. Jedes Mal begegnete ihm dieselbe Ungläubigkeit, ein Zögern, das aus dem kulturellen Bild von Marihuana als rein und sauber herrührte.

Die Lunge unterschied jedoch nicht zwischen Reinheit aufgrund kultureller Wahrnehmung. Sie reagierte ausschließlich auf chemische Reize.

Während einer Operation erinnerte er sich daran, eine unerwartete Narbenbildung im Oberlappen der rechten Lunge eines Patienten entdeckt zu haben. Der Patient war Anfang vierzig und gab an, sich bester Gesundheit zu erfreuen. Als der Mann später erwachte und Dr. London die Befunde mit ihm besprach, fragte der Patient überrascht, ob allein das Rauchen von Marihuana solche Schäden verursachen könne. Dr. London antwortete, dass die Lunge auf Marihuana-Rauch genauso reagiere wie auf den Rauch jeder anderen Pflanze. Er erklärte, wie chronische Reizung durch wiederholtes Einatmen von heißem, partikelhaltigem Rauch zu Narbenbildung, Entzündungen und einer verminderten Lungenkapazität führen könne. Der Patient hörte schweigend zu und verarbeitete die Informationen, als hörte er sie zum ersten Mal.

Was Dr. London am meisten beunruhigte, war der Irrglaube, die Lunge profitiere irgendwie vom Rauchen natürlicher Substanzen. Man verbrannte Salbei, Kräuter, Cannabis und andere Pflanzen im Glauben, die Reinheit ihrer Herkunft mache dies harmlos oder gar heilend. Doch jedes Verbrennungsprodukt, das in die Lunge gelangte, förderte Entzündungen. Nicht die Pflanze selbst war entscheidend, sondern die Verbrennung. Die Lunge hatte sich so entwickelt, dass sie Luft mit einem bestimmten Sauerstoff-Stickstoff-Verhältnis erwartet, und Abweichungen von dieser Erwartung – selbst geringfügige – konnten Probleme verursachen.

Er dachte oft darüber nach, wie die Evolution dem Menschen ein Atmungssystem von außergewöhnlicher Effizienz verliehen hatte. Die Lunge konnte den gesamten Körper in Sekundenschnelle mit Sauerstoff versorgen und so jedes Organ vom Gehirn bis zu den Zehen mit Energie versorgen. Doch diese Effizienz brachte auch eine Verwundbarkeit mit sich. Da die Lunge durch dünne Membranen direkten Zugang zum Blutkreislauf ermöglichte, gelangte alles Eingeatmete, was keine Luft war, ungehindert in den Körper. Dies machte das Einatmen zu einem potenziell schädlichen Expositionsweg, und Rauch zählte zu den schädlichsten Expositionsquellen überhaupt.

Er erinnerte sich an Forschungsergebnisse aus seiner frühen Karriere, die zeigten, wie bestimmte Partikel im Rauch die Alterung der Lunge beschleunigten. Zellen, die Rauch ausgesetzt waren, zerfielen schneller, verloren ihre Elastizität und wurden anfälliger für Infektionen und chronische Krankheiten. Spätere Studien bestätigten, dass sowohl Marihuana- als auch Tabakrauch viele der gleichen Schadstoffe enthielten, darunter Feinstaub, flüchtige organische Verbindungen und Karzinogene. Die Menschen reagierten überrascht, als er diese Informationen mitteilte, als ob Marihuana den physikalischen Gesetzen der Verbrennung entgangen wäre. Doch die Wissenschaft hatte eindeutig gezeigt: Der Verbrennungsprozess erzeugt schädliche Substanzen, unabhängig davon, was verbrannt wird.

Einmal fragte eine junge Frau, die Marihuana zur Stressbewältigung konsumierte, ob Verdampfen sicherer sei, da dabei keine Verbrennung stattfindet. Er erklärte ihr, dass Verdampfen zwar die Verbrennung vermeide, aber dennoch eigene Risiken berge – chemische Zusätze, ultrafeine Partikel und extreme Hitze, die die Lunge reizen könnten. Ruhig sagte er ihr, dass die Lunge außer sauberer Luft keine anderen Substanzen vertrage. Sie nickte langsam und begriff, dass ihr Körper die Folgen ihrer Entscheidungen stillschweigend zu spüren bekommen hatte.

Dr. London hatte es immer merkwürdig gefunden, wie sorgfältig die Menschen auf ihre Ernährung achteten, aber so leichtfertig mit dem umgingen, was sie einatmeten. Sie lasen Etiketten, mieden künstliche Inhaltsstoffe und folgten Diäten, die als „rein“ oder „natürlich“ beworben wurden, und inhalierten dennoch Rauch, ohne die Belastung für ihre Atemwege zu bedenken. Rauch enthielt keinerlei Nährstoffe, keinen Nutzen, keinen Vorteil – nur Schaden. Er hatte miterlebt, wie Lungen kollabierten, sich versteiften, vernarbten und verstopften, weil sie Substanzen ausgesetzt waren, für deren Verarbeitung sie nicht geschaffen waren.

Im Krankenhaus beobachtete er die direkten Folgen. Er sah Patienten, die nach jahrzehntelangem Rauchen jeglicher Art um Luft rangen. Er sah junge Menschen, die Marihuana für harmlos gehalten hatten, mit chronischem Husten, verminderter Lungenkapazität und ersten Anzeichen von Atemwegsschäden eingeliefert werden. Er sah ältere Erwachsene, die glaubten, Marihuana nutze es medizinisch, die Atemwegskomplikationen entwickelten, die denen langjähriger Zigarettenraucher ähnelten. In jedem Fall erzählten die Lungen dieselbe Geschichte: Sie waren überlastet, gereizt und geschwächt durch etwas, wofür sie nie geschaffen waren.

Während er das Buch weiterschrieb, versuchte er, seinen Respekt vor der Lunge und ihrer empfindlichen Struktur in Worte zu fassen. Er wollte, dass die Leser seine Beobachtungen nicht durch die Brille medizinischer Fachbegriffe verstanden, sondern in der schlichten Wahrheit, dass die Lunge für eine einzige Aufgabe außergewöhnlich gut geschaffen ist und dass das Eindringen von Rauch diese Funktion völlig zerstört. Er wollte ihnen die Schönheit ihrer Funktionsweise und die Gefahr vor Augen führen, die entsteht, wenn man annimmt, sie könnten mehr verkraften, als die Natur vorgesehen hat.

Seine Kernbotschaft war eindeutig: Die Lunge ist ein Organ des Atmens, kein Filter für Verbrennungsprozesse. Sie hat sich entwickelt, um den Körper mit erstaunlicher Präzision mit Sauerstoff zu versorgen, nicht um die Belastung durch Rauch – egal welchen – zu ertragen. Der Irrglaube, organischer Rauch sei unbedenklich, Kräuterrauch wirke heilend oder Marihuana-Rauch sei irgendwie frei von Folgen, hielt sich viel zu lange. Er war überzeugt, dass die Leser, sobald sie die grundlegende Physiologie – die Empfindlichkeit, den Zweck, die Grenzen – verstünden, erkennen würden, wie unrealistisch diese Annahmen tatsächlich sind.

In seinen fünfundzwanzig Berufsjahren hatte er gelernt, dass der menschliche Körper eine klare, unmissverständliche Sprache spricht. Insbesondere die Lunge kommunizierte durch ihren Zustand. Sie offenbarte Entzündungen, Schäden, Krankheiten und Genesung mit gleicher Ehrlichkeit. Sie log nicht, selbst wenn Menschen sich selbst belogen. Und für Dr. London bildete diese Wahrheit das Fundament all seiner Schriften: Die Lunge war für Sauerstoff geschaffen, und sobald Rauch in sie eindrang, begann ihre Belastung.

Kapitel 4 – Die kardiovaskuläre Belastung durch Marihuana: Was die Forschung zeigt

Die Geschichte von Marihuana und dem menschlichen Herzen ist nicht neu, doch sie wird oft von kultureller Begeisterung, wechselnden rechtlichen Rahmenbedingungen und dem Mythos der Harmlosigkeit überschattet. Jahrzehntelang galt Marihuana als Fluchtmittel, Entspannungsmittel, Balsam für einen unruhigen Geist. Doch im Inneren des Körpers – wo das Herz unermüdlich schlägt – entfaltet sich eine leisere Geschichte, die nicht von Meinungen, sondern von der Biologie von Stress, Belastung und Verletzlichkeit bestimmt wird. Als Forscher begannen, die Auswirkungen von Marihuana auf das Herz-Kreislauf-System zu untersuchen, entdeckten sie ein Muster, das dem ähnelte, was man seit Langem über traditionellere Stressfaktoren für das Herz weiß. Die Wirkung war subtil, aber beständig: Marihuana belastet das Herz-Kreislauf-System auf eine Weise, die den frühen Stadien der Herzbelastung bei anderen bekannten Risikofaktoren ähnelt.

Sobald THC in den Blutkreislauf gelangt, reagiert der Körper mit einer Reihe vorhersehbarer Reaktionen. Die meisten Konsumenten beschreiben ein Gefühl der Ruhe oder Entspannung, doch unter dieser angenehmen Empfindung steigen Adrenalin und die Aktivität des sympathischen Nervensystems an. Der Herzschlag beschleunigt sich. Die Blutgefäße bereiten sich auf eine leichte Verengung vor, und das Herz, das plötzlich stärker arbeiten muss, benötigt mehr Sauerstoff, um mit diesem beschleunigten Rhythmus Schritt zu halten. Forscher, die dieses Phänomen erstmals unter kontrollierten Bedingungen beobachteten, stellten fest, wie regelmäßig es auftrat. Es war, als ob der Körper, überzeugt davon, ein Stimulans und kein Beruhigungsmittel zu sehen, mit Alarm statt mit Entspannung reagierte.

In einer der ersten Laborstudien wurden junge Erwachsene ohne Vorerkrankungen des Herzens nach dem Konsum von Marihuana mit kontrollierten THC-Konzentrationen untersucht. Sensoren erfassten die Spitzenwerte der Herzfrequenz, die innerhalb weniger Minuten anstieg und fast eine halbe Stunde lang erhöht blieb, bevor sie sich langsam wieder normalisierte. Die Teilnehmer sprachen leise und beschrieben Gefühle von Wohlbefinden oder Euphorie, doch ihr Körper sprach eine andere Sprache. Das Herz pumpte stärker, schlug schneller und verlangte Sauerstoff in einem Ausmaß, das die entspannten Gesichtsausdrücke der Teilnehmer nicht verrieten. Die Forscher stellten fest, dass diese erhöhte Herzfrequenz – Tachykardie – kein leichter Anstieg war. In vielen Fällen verdoppelte sie die normale Herzfrequenz und erzeugte einen vorübergehenden Zustand, in dem das Herz sich so verhielt, als würde die Person trotz Stillsitzens intensiv Sport treiben.

Dieser Anstieg der Herzfrequenz ist kein unbedeutendes Detail. Der Sauerstoffbedarf des Herzens steigt proportional mit jedem Herzschlag. Bei einem gesunden Menschen reagieren die Herzkranzgefäße mit einer Erweiterung und liefern so mehr sauerstoffreiches Blut, um die erhöhte Belastung auszugleichen. Marihuana verhindert diese reibungslose Anpassung jedoch. Stattdessen beeinflussen THC und andere Bestandteile des Rauchs den Tonus der Blutgefäße und bewirken eher eine Verengung als eine Erweiterung. Die Herzkranzgefäße verengen sich leicht, wodurch der Blutfluss erschwert wird. Die Folge ist ein Ungleichgewicht: Das Herz benötigt mehr Sauerstoff, aber die Gefäße liefern weniger. Dieses Ungleichgewicht erzeugt dieselbe Art von Stress, die Ärzte bei Angina-pectoris-Patienten oder Menschen mit einem erhöhten Risiko für ein Herzereignis beobachten.

Neben der Beeinflussung von Herzfrequenz und Gefäßverengung interagiert THC mit der Endothelschicht der Blutgefäße – der empfindlichen Innenfläche, die Blutgerinnung, Entzündungen und die Gefäßelastizität reguliert. Diese Schicht reagiert äußerst empfindlich auf Toxine, Stresshormone und Entzündungsreize. Im Falle von Marihuana beeinträchtigen sowohl die im Rauch enthaltenen Toxine als auch THC die normale Endothelfunktion. Studien, die Endothelzellen in vitro untersuchten, zeigten einen Anstieg von Entzündungsmarkern nach Exposition gegenüber Marihuana-Rauchextrakten, ähnlich der Reaktion, die bei Exposition gegenüber Tabakrauch beobachtet wird. Die Zellen wiesen eine beeinträchtigte Fähigkeit zur Regulierung von Stickstoffmonoxid auf, einem Molekül, das für die Aufrechterhaltung entspannter und gesunder Gefäße notwendig ist. Ohne ausreichend Stickstoffmonoxid werden die Gefäße steif, reaktiv und neigen zur Verengung.

Unter realen Bedingungen trägt diese Endotheldysfunktion erheblich zur kardiovaskulären Belastung bei. Die Blutgefäße verlieren einen Teil ihrer natürlichen Reaktionsfähigkeit, wodurch es ihnen schwerer fällt, plötzliche Belastungsspitzen des Herzens zu bewältigen. Mit der Zeit fördert die wiederholte Belastung durch diese Stresssituation Entzündungen, und diese – langsam, anhaltend und unbemerkt – werden zur Vorstufe von Plaquebildung, Gefäßschädigung und schließlich Herz-Kreislauf-Erkrankungen.

Ein besonders aufschlussreicher Forschungsansatz ergab sich aus großen epidemiologischen Studien, die Krankenhauseinweisungen, Notfallbehandlungen und kardiovaskuläre Ereignisse in Bevölkerungsgruppen untersuchten, in denen der Konsum von Marihuana zunehmend normalisiert wurde. Obwohl diese Studien keinen direkten Kausalzusammenhang herstellten, beobachteten sie übereinstimmende Muster. Jüngere Erwachsene, die zuvor als herzrisikoarm galten, berichteten nach Marihuanakonsum von plötzlichen Brustschmerzen, Herzrhythmusstörungen und in seltenen, aber alarmierenden Fällen von Herzinfarkten. Die behandelnden Ärzteteams berichteten häufig, dass die Patienten Marihuana für harmlos hielten, für etwas Natürliches, eine Pflanze ohne die Gefahren von Substanzen wie Tabak oder Alkohol. Doch die biologische Realität offenbarte eine andere Wahrheit – eine Wahrheit, in der sich im Hintergrund unbemerkt koronare Belastung und Entzündungsreaktionen abspielten.

Tierstudien lieferten weitere Erkenntnisse. Forscher beobachteten, wie THC mit dem Herzmuskel interagiert, nicht nur mit den ihn versorgenden Blutgefäßen. Nagetiermodelle, die regelmäßig THC-Dosen ausgesetzt waren, zeigten subtile, aber messbare Veränderungen der Kontraktionskraft des Herzens. Einige wiesen frühe Anzeichen von oxidativem Stress auf, einem biochemischen Ungleichgewicht, bei dem freie Radikale die körpereigenen antioxidativen Abwehrkräfte überwiegen. Oxidativer Stress ist ein bekannter Störfaktor der Herzfunktion. Er schwächt den Muskel mit der Zeit, verursacht strukturelle Veränderungen und begünstigt Herzrhythmusstörungen.

Oxidativer Stress beeinträchtigt auch die Mitochondrien – die Kraftwerke der Herzmuskelzellen. Wenn die Mitochondrienfunktion nachlässt, verringert sich die Energieversorgung für jeden Herzschlag. In Tiermodellen, die Marihuana ausgesetzt waren, schien die mitochondriale Effizienz nach wiederholter Exposition beeinträchtigt zu sein. Das Herz, das aufgrund erhöhter Herzfrequenz und Gefäßverengung stärker schlagen musste, sah sich paradoxerweise mit einer reduzierten Energieversorgung konfrontiert. Kurzfristig war diese Kombination nicht katastrophal, doch die Belastung baute sich allmählich auf und ähnelte damit den frühen Stadien von Herzstress, die bei lebensstilbedingten Erkrankungen wie Bluthochdruck und Rauchen auftreten.

Autopsieberichte am Menschen fügten der Betrachtung eine weitere Dimension hinzu. Obwohl selten, gab es dokumentierte Fälle von plötzlichem Herztod, bei denen Marihuana die einzige nachgewiesene Substanz war. Diese Vorfälle, die zwar keinen endgültigen Beweis darstellten, veranlassten Forscher, die Rolle von Herzrhythmusstörungen zu hinterfragen. THC kann das elektrische Reizleitungssystem des Herzens verändern und die Anfälligkeit für unregelmäßige Herzrhythmen erhöhen. Einige Studien identifizierten Veränderungen des QT-Intervalls – eines Messwerts, der mit dem elektrischen Zyklus des Herzens zusammenhängt – nach THC-Konsum. Ein verlängertes QT-Intervall kann Personen anfälliger für gefährliche Herzrhythmusstörungen machen, insbesondere bei erhöhtem Puls. Diese subtile, aber wirkungsvolle Wechselwirkung verdeutlichte, wie die elektrische Stabilität des Herzens durch Marihuana auf unerwartete Weise beeinträchtigt werden kann.

Auch der gelegentliche Konsum von Cannabis trägt zu kardiovaskulärem Stress bei. Viele Konsumenten inhalieren tief und halten den Atem an, um die THC-Aufnahme zu maximieren. Dieses Atemmanöver, medizinisch als Valsalva-Reflex bekannt, reduziert vorübergehend die Durchblutung von Herz und Gehirn. Beim Ausatmen steigt der Blutdruck sprunghaft an. Das Herz muss sich rasch an die Schwankungen von Druck und Sauerstoffversorgung anpassen. Langfristig ähneln diese Schwankungen den wiederholten Mikrostressbelastungen, die Forscher bei Personen mit chronischen kardiovaskulären Risikofaktoren beobachten.

Eine weitere Dimension der kardiovaskulären Belastung durch Cannabis ist die Wechselwirkung mit bereits bestehenden Erkrankungen. Studien haben gezeigt, dass Personen mit Bluthochdruck, Diabetes, hohem Cholesterinspiegel oder genetischer Veranlagung beim Cannabiskonsum einem unverhältnismäßig höheren Risiko ausgesetzt sind. Ihr Herz, das bereits unter Dauerstress steht und dessen Gefäße geschädigt sind, reagiert stärker auf die akuten Wirkungen von THC. Für einen gesunden jungen Erwachsenen mag ein erhöhter Puls tolerierbar sein. Für jemanden mit bereits verengten Gefäßen oder Durchblutungsstörungen kann derselbe Anstieg jedoch lebensbedrohlich sein. Kardiologen beschreiben Fälle, in denen Cannabis den Ausschlag gab und behandelbare chronische Erkrankungen in akute Notfälle verwandelte.

Darüber hinaus hat der moderne Markt für Cannabisprodukte diese Risiken verschärft. Die THC-Konzentrationen in aktuellen Sorten sind deutlich höher als in früheren Jahrzehnten. Esswaren, Öle und Konzentrate liefern oft Dosen, die weit über dem traditionellen Rauchen liegen. Höhere THC-Werte verstärken physiologische Reaktionen: stärkere Herzfrequenzspitzen, stärkere Gefäßverengung und ausgeprägtere Entzündungen. Notaufnahmen berichteten, dass Patienten, die Esswaren konsumierten, deren Wirkung häufig unterschätzten, was zu Episoden extremer Angstzustände, Herzrasen, Brustschmerzen und Herzrasen führte. Der verzögerte Wirkungseintritt von Esswaren führte dazu, dass Konsumenten manchmal zu früh zusätzliche Dosen einnahmen und dann, sobald die Wirkung eintrat, eine verstärkte Belastung des Herz-Kreislauf-Systems erlebten.

Auch die Inhalationsmethode spielt eine Rolle. Ob verbrannt, verdampft oder erhitzt – Marihuana setzt ein Gemisch aus Chemikalien frei, die über die Lunge in den Blutkreislauf gelangen. Verbrennungsrauch enthält Kohlenmonoxid, Teer und Feinstaub, die die Endothelzellen direkt schädigen. Das Verdampfen von Ölen, das früher als sicherere Alternative galt, führte zu eigenen, spezifischen Herz-Kreislauf-Komplikationen, darunter Entzündungen durch die in der Luft enthaltenen Lösungsmittel. Untersuchungen an Endothelzellen, die Verdampfungsaerosolen ausgesetzt waren, zeigten ähnliche Beeinträchtigungen der Stickoxidproduktion wie bei Rauchexposition. Dies deutet darauf hin, dass das Herz-Kreislauf-Risiko nicht auf traditionelle Konsummethoden beschränkt ist.

Die durch Marihuana, insbesondere bei chronischem Konsum, ausgelöste Entzündung trägt maßgeblich zur Belastung des Herz-Kreislauf-Systems bei. Entzündungen sind nicht immer deutlich sichtbar oder dramatisch. Sie können subtil verlaufen, unterschwellig wirken und den Körper langfristig anfälliger machen. Das C-reaktive Protein (CRP) – ein Marker für systemische Entzündungen – ist bei einigen regelmäßigen Marihuana-Konsumenten erhöht. Erhöhte CRP-Werte korrelieren stark mit einem erhöhten Risiko für Herz-Kreislauf-Erkrankungen. In Kombination mit der durch THC und Rauch verursachten Gefäßschädigung wird diese unterschwellige Entzündung zu einer Vorstufe von Plaquebildung, Gefäßversteifung und schließlich koronarer Herzkrankheit.

Ein weiterer Forschungsansatz untersuchte die Wechselwirkung von Marihuana mit Blutplättchen – den für die Blutgerinnung verantwortlichen Blutbestandteilen. THC scheint die Aktivierung der Blutplättchen zu beeinflussen und deren Verklumpungsneigung zu erhöhen. Dieser Effekt ist zwar gering, kann aber in Verbindung mit Gefäßverengung und Entzündung problematisch werden. Ein verengtes Gefäß mit entzündeten, funktionsgestörten Endothelzellen ist deutlich anfälliger für Verstopfungen, wenn die Blutplättchen überaktiv werden. Einige Fallberichte über junge Erwachsene, die nach Marihuanakonsum einen Schlaganfall erlitten, verdeutlichten dieses biochemische Zusammenspiel. Obwohl selten, unterstrichen diese Ereignisse das Potenzial für Gerinnungsstörungen bei prädisponierten Personen.

Trotz der in Studien beobachteten übereinstimmenden Muster hält sich der Ruf von Marihuana als harmlose oder risikoarme Substanz hartnäckig. Ein Grund für diese Diskrepanz liegt im Widerspruch zwischen dem gefühlten Zustand und der körperlichen Wirkung. Konsumenten beschreiben häufig Entspannung, Ruhe und geistige Ausgeglichenheit – Empfindungen, die scheinbar nicht mit einer Belastung des Herz-Kreislauf-Systems vereinbar sind. Diese Diskrepanz erzeugt eine Illusion von Sicherheit. Sie bestärkt den Glauben, dass etwas, das sich beruhigend anfühlt, nicht schädlich sein kann. Doch das Herz reagiert nicht auf die Wahrnehmung, sondern auf chemische Prozesse. THC und die Bestandteile des Rauchs lösen physiologische Reaktionen aus, die unabhängig davon anhalten, ob der Konsument Euphorie oder Entspannung empfindet.

Mit der zunehmenden Legalisierung und gesellschaftlichen Akzeptanz von Cannabis wächst die Kluft zwischen Wahrnehmung und biologischer Realität. In der Öffentlichkeit werden therapeutische Anwendungen, kulturelle Freiheit und die freie Wahl des Patienten hervorgehoben. Die Auswirkungen auf das Herz werden hingegen kaum thematisiert. Kardiologen erklären oft, dass die Gefahr für die meisten Konsumenten nicht dramatisch oder unmittelbar ist. Vielmehr ist sie kumulativ – eine langsame Anhäufung von Stressreaktionen, Entzündungen, Gefäßschädigungen und erhöhter elektrischer Empfindlichkeit. Diese Anhäufung ähnelt den frühen Stadien von Herz-Kreislauf-Erkrankungen, die traditionell mit dem Alter oder chronischen Lebensstilfaktoren in Verbindung gebracht werden. Der Unterschied liegt im Zeitpunkt. Bei Cannabis können diese Veränderungen früher einsetzen, beeinflusst nicht durch jahrzehntelange Gewohnheiten, sondern durch wiederholten Konsum einer Substanz, die gemeinhin als harmlos gilt.

Keine dieser Erkenntnisse deutet darauf hin, dass Marihuana generell katastrophale Auswirkungen auf das Herz-Kreislauf-System hat. Vielmehr zeichnen sie ein differenzierteres Bild, das die Komplexität des menschlichen Herzens und seine Anfälligkeit für jegliche Einflüsse, die sein empfindliches Gleichgewicht stören, anerkennt. Die Forschungsergebnisse sind nicht alarmistisch, sondern aufschlussreich. Das Herz arbeitet innerhalb enger Sicherheitsmargen. Werden diese Margen wiederholt durch erhöhte Herzfrequenz, gesteigerten Sauerstoffbedarf, Gefäßverengung, beeinträchtigte Endothelfunktion und chronische Entzündungen überlastet, steigt die Wahrscheinlichkeit langfristiger Folgen.

Die Forschung zeigt übereinstimmend, dass Marihuana sich in mancherlei Hinsicht ähnlich wie andere kardiovaskuläre Stressfaktoren verhält. Es beschleunigt den Herzschlag wie Stimulanzien, verengt die Blutgefäße wie Nikotin, beeinträchtigt die Endothelfunktion wie Umweltverschmutzung, löst Entzündungen aus wie chronischer Stress und beeinflusst die Blutgerinnung wie bestimmte Stoffwechselstörungen. Es ist zwar nicht mit einem dieser Risikofaktoren identisch, ähnelt ihnen aber und verstärkt so Anfälligkeiten, die sonst unentdeckt blieben.

Das Verständnis der kardiovaskulären Belastung durch Marihuana hat nichts mit Verurteilung oder Verbot zu tun. Es geht um Aufklärung. Es geht darum zu erkennen, dass das Herz, so widerstandsfähig es auch sein mag, präzise und ehrlich auf chemische Einflüsse reagiert. Es geht darum, hinter die angenehmen Empfindungen zu blicken und die damit einhergehende biologische Realität anzuerkennen. Die Forschung verurteilt Marihuana nicht pauschal, sondern verdeutlicht die Belastung, die es für das System darstellt, das das Leben Schlag für Schlag aufrechterhält. Und diese Aufklärung ermöglicht es den Lesern, fundierte Entscheidungen zu treffen – Entscheidungen, die nicht von kulturellen Erzählungen, sondern von wissenschaftlichen Erkenntnissen geprägt sind.

Kapitel 5 – Ein 1,3- bis 2-fach erhöhtes Herzinfarktrisiko: Die Zahlen verstehen

Die Zahlen tauchten schon lange unauffällig in Forschungsarbeiten auf, bevor die Öffentlichkeit wusste, was sie damit anfangen sollte. Anfangs waren sie klein – Brüche, Dezimalzahlen, Risikoverhältnisse, versteckt zwischen Fachjargon und komplexen Statistiktabellen. Doch mit jeder weiteren Studie, der Auswertung von Krankenakten und der erneuten Prüfung von Patientenakten zeichnete sich ein Muster von bemerkenswerter Beständigkeit ab. Marihuana-Konsumenten hatten nicht nur mit einem vorübergehenden Anstieg der Herzfrequenz oder einer kurzzeitigen Gefäßbelastung zu kämpfen. Sie sahen sich mit etwas viel Bedeutsamerem, etwas Messbarem konfrontiert. Konsumenten wiesen ein 1,3- bis 2-fach höheres Risiko für Herzinfarkt und koronare Herzkrankheit auf als Nichtkonsumenten. Dr. Londons Aussage, die er auf einer Konferenz für öffentliche Gesundheit in ruhigem, sachlichem Tonfall vortrug, hatte gerade wegen ihrer Einfachheit Gewicht. Er erklärte: „Das Risiko ist um das 1,3- bis 2-Fache erhöht.“ Keine Dramatik. Keine vagen Warnungen. Nur Zahlen, basierend auf wiederholten, überprüfbaren Beobachtungen.

Wenn man diese Zahlen beiläufig hört, klingen sie für das ungeübte Ohr harmlos. Eine Verdopplung von etwas, das selten oder weit entfernt erscheint, löst keine unmittelbare Angst aus. Menschen hören Verhältnisse, nicht Menschenleben. Sie hören Statistiken, nicht den Herzschlag eines Herzens, das über seine Belastungsgrenze hinaus arbeitet. Doch jede Zahl erzählt eine Geschichte, und diese Geschichten spielen sich in Arztpraxen, Notaufnahmen und zu Hause ab, wo Symptome ignoriert werden, bis es nicht mehr geht. Der Anstieg von 1,0 auf 1,3 klingt bescheiden – nur eine Zunahme von 30 %. Doch für Kardiologen ist diese Veränderung der Unterschied zwischen vorhersehbarer Stabilität und unerwarteter Krise. Und das doppelte Risiko, die Verdopplung, ist die Art von Veränderung, die eine überschaubare Situation in ein gefährliches Terrain verwandelt.

Um die Tragweite dieses scheinbar kleinen Risikobereichs zu verstehen, muss man die Geschichte anderer häufiger kardiovaskulärer Risikofaktoren kennen. Bluthochdruck ist bekannt dafür, die Arterien durch ständigen Druck zu schädigen. Unbehandelt verdoppelt er das Herzinfarktrisiko. Hohe Cholesterinwerte erhöhen das Risiko in ähnlichem Maße, insbesondere wenn LDL-Partikel die Gefäßwände infiltrieren und Plaques bilden. Zigarettenrauchen erhöht das Herzinfarktrisiko je nach lebenslanger Exposition um das Zwei- bis Vierfache. Jahrzehntelang halfen diese Zahlen Ärzten, das Bild von Herzerkrankungen zu zeichnen: Sie sind kumulativ, vorhersehbar und vermeidbar. Doch mit dem zunehmenden Konsum von Cannabis kam eine neue Variable hinzu, deren Werte sich neben die der wichtigsten vaskulären Risikofaktoren einreihten.

Forscher bemerkten den Zusammenhang erstmals, als jüngere Erwachsene – Menschen, die Jahrzehnte von typischen Herzproblemen entfernt waren – mit Brustschmerzen, Herzrhythmusstörungen und in seltenen, aber zutiefst besorgniserregenden Fällen mit Herzinfarkten in Notaufnahmen auftauchten. Ärzte waren ratlos, da diese Personen nicht die typischen Risikoprofile aufwiesen. Ihr Blutdruck war oft normal, ihr Cholesterinspiegel niedrig und ihre Familienanamnese unauffällig. Es handelte sich um Menschen, die Marathon liefen, Gewichte stemmten oder mit der unbeschwerten Zuversicht der Jugend lebten. Was viele von ihnen verband, war der regelmäßige Marihuanakonsum, der in ihre Freizeit, ihre Bewältigungsstrategien oder ihre täglichen Rituale integriert war. Als Dr. London und seine Kollegen die Zahlen genauer analysierten, stellten sie fest, dass das Muster zu eindeutig war, um es zu ignorieren.

Ein Kardiologenteam untersuchte die Profile von Patienten unter vierzig Jahren, die wegen akuter Koronarsyndrome eingeliefert wurden. Die Zahlen fielen sofort auf. Überproportional viele hatten in den Stunden vor dem Ereignis Marihuana konsumiert. Toxikologische Untersuchungen, Patientenbefragungen und bestätigende Zeugenaussagen zeichneten dasselbe Bild. Die Engegefühle in der Brust traten plötzlich auf, oft nach dem Rauchen oder dem Konsum von hochkonzentrierten THC-haltigen Substanzen. Ein Patient der Studie beschrieb die Schmerzen als „einen schweren Druck, als ob mir jemand einen Stein unter die Rippen gelegt hätte". Ein anderer berichtete, er habe die Schmerzen zunächst abgetan und sie für durch den Rausch ausgelöste Angstzustände gehalten. Notfallmediziner schilderten später, wie diese Patienten verwirrt und verängstigt eingeliefert wurden und nicht begreifen konnten, dass etwas, das ihnen Entspannung bringen sollte, ihr Herz in einen solchen Ausnahmezustand versetzen konnte.

Die Zahlen folgten diesen Berichten. Daten zeigten, dass sich das Herzinfarktrisiko innerhalb der ersten Stunde nach Marihuanakonsum fast verfünffachte, das langfristige chronische Risiko sich jedoch im mittlerweile häufig zitierten Bereich von 1,3 bis 2 einpendelte. Der akute Anstieg war auf den plötzlichen Anstieg der Herzfrequenz, die Verengung der Blutgefäße und den erhöhten Sauerstoffbedarf zurückzuführen. Die chronische Erhöhung – das 1,3- bis 2-fache Risiko – resultierte jedoch aus wiederholter Belastung, ähnlich wie sich mit jedem vorbeifahrenden Lkw kleine Risse in einer Brücke ansammeln.

Als Dr. London die Zahlen erläuterte, nutzte er Vergleiche, um die Risiken verständlicher zu machen. Er erklärte einmal einem Publikum, dass die Zahl der Herzinfarkte, die auf regelmäßigen Marihuanakonsum zurückzuführen sind, deutlich ansteigen würde, wenn 50.000 Menschen mit normalem Ausgangsrisiko regelmäßig Marihuana konsumieren würden. Es wäre keine Epidemie, aber der Anstieg wäre unbestreitbar. Er erklärte, dass dieser Risikoanstieg nicht isoliert auftrete. Bei jemandem mit bereits bestehendem Bluthochdruck erhöhe der zusätzliche Marihuanakonsum das Gesamtrisiko exponentiell. Die Zahlen addierten sich nicht einfach – sie korrelierten miteinander.

Nehmen wir den jungen Mann mit grenzwertigem Bluthochdruck. Seine Gefäße standen bereits unter leichter Spannung. Durch den Konsum von Marihuana verengt sich die Gefäße plötzlich stärker, der Herzschlag beschleunigt sich und die Entzündungswerte steigen. Sein Risikoprofil – das ohnehin schon kritisch war – verschlechtert sich sprunghaft. Statt einer beherrschbaren Situation sieht er sich nun einem Risiko ausgesetzt, das dem eines zehn Jahre älteren Menschen mit zusätzlichen Belastungen entspricht. Ein ähnliches Muster zeigt sich bei Menschen mit hohem Cholesterinspiegel. THC und der Konsum von Marihuana beeinträchtigen die Elastizität der Gefäße. LDL-Partikel dringen leichter in die entzündeten Gefäßwände ein. Mit der Zeit bildet sich schneller Plaque, die die Arterien unbemerkt verengt, bis die Verengung nicht mehr zu übersehen ist.

Das Überraschendste an den Zahlen ist ihre Auswirkung auf junge Erwachsene. Jahrelang glaubte man, Herzinfarkte seien ein Problem der mittleren und höheren Altersgruppe. Doch die Daten aus Marihuana-Studien zwangen zum Umdenken. Auch junge Erwachsene sind nicht immun gegen die Gesetze der Gefäßphysik. Ihre Gefäße mögen elastischer, ihr Stoffwechsel schneller und ihre Regenerationsfähigkeit besser sein, doch die Biologie der Gefäßverengung, des Sauerstoffbedarfs und der Endothelschädigung macht keinen Unterschied. Wird Marihuana in hoher Dosierung konsumiert, insbesondere in Verbindung mit dem Verdampfen oder Dabben von Konzentraten, ist die akute Belastung für das Herz-Kreislauf-System nicht zu unterschätzen. Es ist ein Sprint für das Herz – unerwartet, ungeübt und schädlich.

In einer Beobachtungsstudie schilderten Notfallmediziner den Fall eines 27-jährigen Mannes, der nach dem Konsum einer starken Cannabissorte zusammenbrach. Er war gesund, hatte keine Vorerkrankungen, keine familiäre Vorbelastung für Herzerkrankungen und wies keine verdächtigen Lebensgewohnheiten auf. Die Koronarangiographie zeigte einen Spasmus – eine plötzliche, heftige Verengung einer Koronararterie. Solche Spasmen können als Reaktion auf Stimulanzien oder extremen Stress auftreten, in diesem Fall jedoch nach dem Inhalieren von Marihuana. Das Kardiologenteam beschrieb später, wie sich das Gefäß wie in Alarmbereitschaft verhielt und sich so stark verengte, bis der Blutfluss fast zum Erliegen kam. Er überlebte, doch sein Fall trug zu den Erkenntnissen bei, die Dr. Londons spätere Stellungnahme beeinflussten. Nicht nur das Langzeitrisiko ist entscheidend, sondern auch die akute Anfälligkeit.

Um diese Zahlen zu verstehen, muss man auch das individuelle Risiko kennen. Ein gesunder Mensch hat möglicherweise ein geringes absolutes Risiko, einen Herzinfarkt zu erleiden. Beträgt dieses Risiko beispielsweise 1 zu 10.000 pro Jahr, so erhöht sich das Risiko bei einer Verdopplung auf 2 zu 10.000 – eine scheinbar geringfügige Veränderung. Doch Bevölkerungsgruppen bestehen nicht aus Zahlen, sondern aus Individuen mit unterschiedlichen Risikofaktoren. Hat jemand auch nur einen weiteren Risikofaktor – familiäre Vorbelastung, leichten Bluthochdruck, gelegentliches Rauchen –, kann eine Verdopplung des Risikos den Krankheitsverlauf entscheidend beeinflussen.
Herz-Kreislauf-Erkrankungen treten nicht plötzlich auf. Sie entwickeln sich schleichend. Sie bauen sich aus kleinen, scheinbar harmlosen Schritten auf, bis sie schließlich zu einer Krise führen.

Für Menschen mit bestehenden Herzerkrankungen gewinnen diese Zahlen noch mehr an Bedeutung. Die 1,3- bis 2-fache Erhöhung gilt auch für ansonsten gesunde Menschen. Bei Personen mit vorangegangenen Herzinfarkten oder diagnostizierter koronarer Herzkrankheit kann Marihuana das Risiko sogar noch weiter steigern. Dies liegt unter anderem daran, dass erkrankte Gefäße plötzliche Anstiege der Herzfrequenz oder des Sauerstoffbedarfs nicht kompensieren können. Eine verengte Arterie, die nur zu 50 % ihrer Kapazität arbeitet, mag im Ruhezustand noch ausreichend funktionieren, doch bei einem plötzlichen Anstieg der Herzfrequenz wird ihre Unzulänglichkeit deutlich. Die Belastung kann eine stabile Plaque zum Platzen bringen und so die Kaskade auslösen, die zu einem Herzinfarkt führt.

Die psychologische Wahrnehmung von Marihuana verkompliziert die Situation zusätzlich. Viele glauben, weil es „natürlich" sei, müsse es harmlos sein. Ein Kardiologe erzählte einmal in einem Seminar, einer seiner jüngsten Patienten mit Koronarspasmus habe darauf bestanden, „nur natürliche Substanzen" zu verwenden. Der Arzt erklärte ihm daraufhin so behutsam wie möglich, dass natürlich nicht gleichbedeutend mit sicher sei. Schierling ist natürlich. Tabakblätter sind natürlich. Die Natur produziert viele wirksame Substanzen, die dem menschlichen Körper schaden können, wenn sie unüberlegt konsumiert werden. Marihuana, trotz seines therapeutischen Potenzials und seiner kulturellen Bedeutung, interagiert dennoch auf spürbare und physiologisch belastende Weise mit dem Herz-Kreislauf-System.

Mit zunehmender Studienlage wurden die Zahlen zwar präzisiert, aber nie widerlegt. Metaanalysen fassten Daten von Tausenden von Teilnehmern zusammen und kamen zu ähnlichen Risikoverhältnissen. Eine kanadische Studie berichtete von einem 1,6-fach erhöhten Risiko für Herz-Kreislauf-Ereignisse bei jüngeren Erwachsenen, die Cannabis konsumierten. Ein amerikanischer Datensatz zeigte ein fast doppelt so hohes Risiko bei regelmäßigen Konsumenten im Vergleich zu Nichtkonsumenten. Europäische Berichte bestätigten diese Ergebnisse. Die geografische Vielfalt dieser Studien belegte, dass der Trend nicht auf eine bestimmte Region, Bevölkerungsgruppe oder einen bestimmten Lebensstil beschränkt war. Er war vielmehr physiologisch bedingt.

Trotz der zunehmenden Beweislage hinkte die öffentliche Wahrnehmung hinterher. Beim Vergleich der Risiken mit denen von Bluthochdruck oder hohem Cholesterinspiegel hielten viele sie für weniger schwerwiegend, da die Wirkung von Marihuana nur zeitweise und nicht konstant auftritt. Dieser Vergleich verkennt jedoch, wie akuter Stress mit chronischer Anfälligkeit interagiert. Bluthochdruck wirkt schleichend und stetig und schwächt die Gefäße über Jahre hinweg. Marihuana hingegen wirkt wie eine Reihe plötzlicher, kurzzeitiger, aber heftiger Belastungen. Die Risikozahlen spiegeln beide Realitäten wider. Menschen mit Bluthochdruck leiden jahrelang unter den Folgen des Blutdrucks. Marihuana-Konsumenten erleben akute Episoden, in denen das Herz stark belastet wird. Treten beide Faktoren gleichzeitig auf, verstärkt sich die Gefahr – nicht weil einer der Faktoren für sich genommen katastrophal wäre, sondern weil sich ihre Wirkungsmechanismen gegenseitig verstärken.

Die altersspezifischen Daten unterstrichen die Ernsthaftigkeit des Risikos zusätzlich. Jugendliche und junge Erwachsene, deren Herz-Kreislauf-System sich noch entwickelt, erwiesen sich als besonders anfällig für die akuten Wirkungen von Cannabis. Ihr autonomes Nervensystem – zuständig für die Regulierung von Herzfrequenz und Gefäßreaktion – reagiert stark auf THC. Der Herzfrequenzanstieg ist oft ausgeprägter. Ihre Gefäße verengen sich stärker. Ihre Entzündungsreaktion ist stärker. Obwohl ihr absolutes Herzinfarktrisiko geringer ist als das älterer Erwachsener, ist der relative Anstieg durch Cannabis signifikant. Eine Verdopplung des Risikos bei einem jungen Erwachsenen führt möglicherweise nicht zu unmittelbaren Ereignissen, schafft aber frühzeitig die Voraussetzungen für Gefäßveränderungen, die sonst erst später im Leben auftreten würden.

Noch aussagekräftiger waren die Langzeitstudien zur Koronararterienverkalkung – einem Marker für die Entstehung von Plaques. In einigen Datensätzen wiesen Marihuana-Konsumenten früher als altersentsprechend erwartet höhere Kalziumwerte auf. Diese waren zwar nicht dramatisch erhöht, aber ausreichend, um darauf hinzudeuten, dass wiederholte Belastungen des Herz-Kreislauf-Systems einen normalerweise langsam verlaufenden Prozess beschleunigt hatten. Diese frühen Marker verursachen keine Symptome, sagen aber Jahrzehnte später mögliche Folgen voraus. Sie sind die leisen Vorboten zukünftiger Risiken.

Das Verständnis des Anstiegs um das 1,3- bis 2-Fache bedeutet zu erkennen, dass die Zahlen weder übertrieben noch trivial sind. Sie spiegeln biologischen Stress in Zahlen wider. Sie quantifizieren die Reaktion des Herzens auf wiederholte Belastungen. Als Dr. London diese Spanne angab, wollte er Klarheit schaffen, nicht Panik verbreiten. Er beabsichtigte, mit den Zahlen das Bewusstsein zu schärfen, Gespräche anzuregen und die Informationslücke zu schließen, die viel zu lange zwischen Wahrnehmung und Beweisen bestanden hatte.

Mit der weltweiten Legalisierung von Cannabis gewinnen diese Zahlen noch mehr an Bedeutung. Sie bilden die Grundlage für Diskussionen über Sicherheit, Mäßigung und informierte Entscheidung. Sie erinnern uns daran, dass das Herz nicht auf kulturelle Veränderungen oder politische Debatten reagiert, sondern auf chemische Prozesse, Druck, Entzündungen und Rhythmus. Das Herz interpretiert Cannabis nicht als moralische Frage, sondern als biochemisches Ereignis.

Die Zahlen – 1,3 bis 2 Mal – übersetzen dieses Ereignis in für Menschen verständliche Begriffe. Sie stehen für Tausende von Patientengeschichten, unzählige Laborexperimente und den stetigen Fortschritt wissenschaftlicher Erkenntnisse. Sie erinnern uns daran, dass Risiko nicht eine Frage der Angst, sondern des Verständnisses ist. Und mit diesem Verständnis kommt die Fähigkeit, Entscheidungen zu treffen, die mit der eigenen Gesundheit, der eigenen Zukunft und dem Respekt vor dem stillen, unermüdlichen Organ im Zentrum all dessen im Einklang stehen.

Kapitel 6 – Stille Schäden: Wie Marihuana mit der Zeit die Blutgefässe schwächt

Die Schwächung eines Blutgefäßes kündigt sich nicht an. Sie pocht nicht laut und gibt keine sichtbaren Warnzeichen. Stattdessen schreitet sie still und leise über Jahre hinweg voran, verborgen unter dem Puls, der Tag und Nacht unaufhörlich schlägt. Diese stille Verschlechterung macht Gefäßschäden so trügerisch gefährlich. Sie gedeihen im Verborgenen. Und für viele langjährige Cannabiskonsumenten wird diese Unsichtbarkeit zur größten Bedrohung, denn der Körper passt sich den schleichenden Veränderungen an, bis schließlich etwas Dramatisches die Aufmerksamkeit auf sich zieht. Dieses stille Fortschreiten – langsam, subtil, stetig – bereitet Chirurgen wie Dr. London die größten Sorgen.

Wenn man sich die Schäden durch Rauchen vorstellt, denkt man zuerst an die Lunge: geschwärztes Gewebe, verengte Atemwege, Hustenanfälle oder Atemnot. Was man selten bedenkt, ist das Netzwerk von Arterien, das sich durch den ganzen Körper zieht und sauerstoffreiches Blut transportiert – präzise orchestriert vom Endothel, der dünnen, empfindlichen Innenschicht jedes Gefäßes. Diese Schicht ist kein passiver Schlauch. Sie ist eine aktive, dynamische Schicht, die sofort auf chemische Signale, Druckveränderungen und Entzündungsreize reagiert. Sie erweitert die Gefäße, um den Blutfluss zu erhöhen, verengt sie, um den Druck zu regulieren, und setzt Substanzen frei, die vor Blutgerinnseln und Ablagerungen schützen. Sie ist der Dirigent des Herz-Kreislauf-Orchesters. Und wenn sie wiederholt den Chemikalien und Partikeln im Marihuana-Rauch ausgesetzt ist, gerät ihre Harmonie aus dem Gleichgewicht.

Dr. London erklärte die Endotheldysfunktion oft mit dem Vergleich einer Ampelanlage. Ist das Endothel gesund, signalisiert es den Gefäßen im perfekten Takt, sich zu erweitern oder zusammenzuziehen, sodass das Blut ungehindert fließen kann. Bei einer Schädigung werden die Signale unregelmäßig. Die Ampeln funktionieren nicht mehr richtig – mal bleibt Rot zu lange, mal flackert die Farbe – und der Blutfluss staut sich. Der Blutfluss verlangsamt sich, Turbulenzen nehmen zu und die Gefäßwände versteifen sich. Dieser Zustand, die sogenannte Endotheldysfunktion, ist das früheste Warnzeichen für zukünftige Herzereignisse. Sie ist der erste Schritt in einer langen Kette von Ereignissen, die zu Arterienverdickung, Plaquebildung und plötzlichen Gefäßverschlüssen führen.

Marihuana-Rauch trägt auf verschiedenen Wegen zu dieser Funktionsstörung bei. Die erhitzten Partikel und die bei der Verbrennung freigesetzten Toxine gelangen über die Lunge in den Blutkreislauf und zirkulieren direkt in die Arterienwände. Die Chemikalien verursachen mikroskopische Entzündungen, die zwar im Moment des Konsums nicht wahrnehmbar sind, sich aber mit jedem Zug verstärken. THC ist zwar nicht so toxisch wie Nikotin, aktiviert aber das sympathische Nervensystem und erhöht dadurch Herzfrequenz und Blutdruck. Diese Schwankungen belasten die Gefäßwände mechanisch und zwingen sie, sich wiederholt und unnatürlich zu dehnen und zusammenzuziehen. Mit der Zeit wird das Endothel abgenutzt, ähnlich wie ein Stoff, der zu oft in die falsche Richtung gedehnt wurde.

Diese Schädigung äußert sich nicht durch Schmerzen. Niemand wacht auf und spürt, dass sein Endothel geschädigt ist. Die frühen Stadien der Arterienverdickung oder -entzündung verursachen keine Empfindungen. Diese Veränderungen verlaufen biologisch unmerklich und sind nur durch spezielle Tests oder bei Operationen, bei denen die Gefäße freigelegt werden, nachweisbar. Und genau in diesen Operationssälen erleben Chirurgen wie Dr. London die Folgen dieser Schädigung hautnah.

Er erinnert sich oft an den Moment, als ihm zum ersten Mal bewusst wurde, dass Marihuana-Konsumenten – die schworen, nie Tabak zu rauchen – deutliche Veränderungen an ihren Arterien aufwiesen. Während einer Bypass-Operation an einem Patienten Anfang vierzig bemerkte er, dass die Gefäße für sein Alter ungewöhnlich steif waren. Der Patient hatte in den Vorgesprächen beteuert, einen „gesunden Lebensstil" zu führen, nie geraucht und sich nicht fettreich ernährt zu haben. Doch er hatte beinahe beiläufig zugegeben, abends Marihuana zu rauchen, um sich zu entspannen. Der Chirurg erinnerte sich an die Beschaffenheit der Arterie: nicht so weich und geschmeidig wie erwartet, sondern verdickt und leicht verfärbt, als wäre sie vorzeitig gealtert. Es gab keine äußeren Symptome, kein Anzeichen im Aussehen oder im Alltag des Patienten, das auf etwas hindeutete. Doch im Inneren erzählten die Gefäße eine andere Geschichte.

Solche Fälle häuften sich mit den Jahren. Patienten in ihren Dreißigern und Vierzigern – einem Alter, in dem Herzoperationen seltener sind – wiesen Gefäßerkrankungen auf, die eher für ältere Menschen typisch waren. Ihre Arterien waren nicht mehr so elastisch, ihre Endothelschichten zeigten Anzeichen chronischer Reizung, und in vielen Fällen hatte sich früher als erwartet Plaque gebildet. Dieses Phänomen beunruhigte Dr. London, nicht weil Marihuana die alleinige Ursache war, sondern weil viele Konsumenten es für harmlos, natürlich oder „besser als Tabak" hielten. Dieser Glaube verblendete sie für die schleichenden Schäden, die sich Jahr für Jahr anhäuften.

Plaque entsteht nicht innerhalb eines Tages oder einer Woche. Sie bildet sich allmählich, beginnend mit der Ablagerung von Lipiden in der Gefäßwand, sobald das Endothel geschädigt ist. Anfangs sind diese Ablagerungen weiche Streifen. Mit der Zeit sammeln sich Entzündungszellen an, die versuchen, den Schaden zu reparieren, dabei aber unbeabsichtigt zur Plaquebildung beitragen. Schließlich lagern sich Kalziumablagerungen hinzu und verhärten die Plaque wie Zement. Die Arterie verengt sich langsam, wodurch die durchfließende Blutmenge abnimmt. Doch selbst während sich der Raum im Gefäß verengt, kompensiert der Körper dies. Er leitet das Blut über Kollateralgefäße um, erhöht die Herzfrequenz leicht und passt den Blutdruck geringfügig an. Diese Kompensationsmechanismen verschleiern das Ausmaß des Problems, bis die Verengung kritisch wird.

Für viele Marihuana-Konsumenten sind die ersten spürbaren Symptome nicht etwa ein leichtes Unbehagen in der Brust oder leichte Müdigkeit. Es sind die plötzlichen, stechenden Schmerzen eines akuten Herzinfarkts. Im einen Moment fühlen sie sich noch normal; im nächsten reißt eine Plaque, ein Blutgerinnsel bildet sich rasch, und die Arterie ist fast vollständig verstopft. Das Herz, dem der Sauerstoff fehlt, schlägt heftig. Die Stille der vorangegangenen Jahre gipfelt in einem katastrophalen Moment. Das ist die grausame Natur von Gefäßschäden: Sie entwickeln sich unbemerkt und brechen dann explosionsartig hervor.

Endotheliale Dysfunktion trägt ebenfalls zu Vasospasmen bei – einer plötzlichen Verengung der Herzkranzgefäße. Dieses Phänomen kann selbst bei Personen ohne nennenswerte Ablagerungen in den Herzkranzgefäßen auftreten. Die Wirkung von Cannabis auf den Gefäßtonus erhöht die Wahrscheinlichkeit solcher Krämpfe. Die Arterien verengen sich abrupt, wodurch der Blutfluss drastisch reduziert wird. Die Episode kann Minuten oder länger andauern und im schlimmsten Fall einen Herzinfarkt auslösen. Manche Patienten erleben diese Krämpfe nur gelegentlich und halten sie für Angstzustände oder vorübergehendes Unbehagen. Erst wenn die Episoden schwerwiegend werden oder bleibende Schäden verursachen, erkennen sie, dass eine tieferliegende Ursache vorliegt.

Für Chirurgen stellen die langfristigen Auswirkungen von Marihuana auf die Gefäße besondere Herausforderungen dar. Beschädigte Gefäße sind während Operationen schwieriger zu handhaben. Sie reißen leichter, reagieren schlecht auf Nahtmaterial und dehnen sich selbst bei mechanischer Unterstützung manchmal nicht ausreichend. Dr. London beschrieb einmal, wie sich das Operieren an Arterien mit chronischer Entzündung anfühlte, als würde man einen empfindlichen Stoff nähen, der wiederholt in Wasser eingeweicht und in der Sonne getrocknet wurde. Die Fasern verlieren ihre Elastizität und lassen sich nicht mehr manipulieren. Ein Gefäß, das sich nach dem Einsetzen eines Transplantats eigentlich problemlos dehnen sollte, bleibt stattdessen steif und erfordert mehr Kraft und Präzision, um den Bypass zu sichern.

Eine weitere Herausforderung ergibt sich aus der Lage der Plaques. Bei manchen Cannabiskonsumenten entwickelt sich die Entzündung unregelmäßig, was zu einer ungleichmäßigen Plaqueverteilung führt. Anstelle einer gleichmäßigen Verengung entlang eines vorhersehbaren Abschnitts finden Chirurgen abwechselnd verhärtete Ablagerungen und Entzündungsherde vor. Diese Unregelmäßigkeit erschwert die Transplantation und erhöht das Risiko postoperativer Komplikationen. Zudem beeinflussen die in Fettgewebe und Gefäßwänden gespeicherten Restsubstanzen die Heilung. Die Genesung kann langsamer verlaufen, die Blutgerinnung verändert sein und die Entzündung länger anhalten.

Diese Komplikationen treten nicht ausschließlich bei Marihuana-Konsumenten auf, doch die Häufigkeit ihres Auftretens bei regelmäßigem Konsum gibt Anlass zur Sorge um die langfristige Gefäßgesundheit. Problematisch ist nicht allein das Vorhandensein von THC, sondern die Konsumform. Beim Rauchen von Marihuana entsteht durch die Kombination von Hitze, Verbrennungsrückständen und Partikeln ein toxischer Cocktail, der die Gefäße direkt schädigt. Auch verdampfte Formen bergen, wenngleich in gewisser Hinsicht anders, Risiken aufgrund hoher THC-Konzentrationen und Zusatzstoffe, die Entzündungsreaktionen auslösen können.

Ein besonders aufschlussreiches Szenario ereignete sich während einer Mehrgefäß-Bypass-Operation bei einem Patienten, der seit über zwanzig Jahren Marihuana konsumierte. Der Patient hatte beteuert, dass Marihuana die einzige Substanz sei, die er konsumiere, und dass er auf verarbeitete Lebensmittel, Alkohol und Tabak verzichte. Dennoch erwiesen sich seine Arterien als äußerst schwierig zu transplantieren. Die Arteria mammaria interna, die aufgrund ihrer ausgezeichneten Langzeitbeständigkeit häufig für Bypässe verwendet wird, wies Verdickungszeichen auf. Auch die aus seinem Bein entnommene Vena saphena magna, die als Transplantat dienen sollte, zeigte leichte Endothelreizungen. Der Chirurg führte die Operation erfolgreich durch, bemerkte aber anschließend unter vier Augen, dass das Gefäßsystem des Patienten dem eines zehn bis fünfzehn Jahre älteren Menschen ähnelte.

Diese gesammelten Erfahrungen bestätigten, was bereits in Studien festgestellt wurde: Chronischer Marihuanakonsum trägt zur Gefäßalterung bei. Diese Alterung ist nicht einfach eine Frage der Zeit, sondern eine Folge wiederholter Exposition. Jeder Zug führt Substanzen zu, die die Gefäßwände belasten, Entzündungen auslösen oder die Endothelfunktion beeinträchtigen. Über Monate und Jahre hinterlassen diese Belastungen strukturelle Veränderungen. Die Gefäße versteifen sich, die Gefäßinnenwand wird schwächer, und das Risiko von Plaquerupturen oder Blutgerinnselbildung steigt stetig.

Ein weiterer entscheidender Aspekt langfristiger, durch Marihuana verursachter Gefäßschäden ist ihre Unvorhersehbarkeit. Zwei Personen können die gleiche Menge über den gleichen Zeitraum konsumieren, doch bei der einen zeigen sich schwere arterielle Veränderungen, während die andere relativ unbeeinträchtigt bleibt. Genetische Veranlagung, Ernährung, Bewegungsgewohnheiten und Begleiterkrankungen beeinflussen die Folgen. Doch gerade diese Unvorhersehbarkeit birgt Gefahren. Man sollte sich nicht in Sicherheit wiegen, nur weil keine Symptome auftreten. Das Fehlen von Warnzeichen sagt nichts über den Zustand der Endothelschicht oder die Dicke der Arterienwand aus.

Erschwerend kommt hinzu, dass viele Marihuana-Konsumenten sich selbst als gesundheitsbewusst betrachten. Sie meiden verarbeitete Lebensmittel, leben biologisch und treiben regelmäßig Sport. Da Marihuana ein Naturprodukt ist, glauben sie, es passe zu ihrer Gesundheitsphilosophie. Doch die Gefäße unterscheiden nicht zwischen „natürlichem" und „unnatürlichem" Rauch. Sie reagieren ausschließlich auf chemische und physische Belastungen. Selbst diejenigen, die stolz auf ihren gesunden und bewussten Lebensstil sind, können unbemerkt Arterienschäden ansammeln.

In den letzten Jahren wurde verstärkt erforscht, wie Marihuana mit anderen kardiovaskulären Risikofaktoren interagiert. Die Ergebnisse deuten darauf hin, dass in Kombination mit leichtem Bluthochdruck oder erhöhtem Cholesterinspiegel die Schädigung schneller fortschreitet. Die Gefäßwände werden rascher geschwächt, die Endothelfunktion verschlechtert sich, und es bilden sich leichter Ablagerungen. Das Risiko steigt steiler an. Bei Menschen mit Diabetes oder metabolischem Syndrom verstärkt Marihuana Entzündungsprozesse, die die Gefäßintegrität bereits gefährden. Das Ergebnis ist ein kumulatives Risiko, das die Auswirkungen jedes einzelnen Faktors deutlich übersteigt.
Aus chirurgischer Sicht bereitet nicht nur die steigende Zahl behandlungsbedürftiger Patienten Sorgen, sondern auch die zunehmende Komplexität ihrer Fälle. Operationen, die eigentlich unkompliziert sein sollten, werden technisch anspruchsvoll. Die Genesung, die reibungslos verlaufen sollte, wird unvorhersehbar. Die Langzeitergebnisse sind weniger sicher. Deshalb betont Dr. London die Bedeutung von Aufklärung. Nicht von Angst. Aufklärung. Das Verständnis dafür, dass wiederholter Marihuanakonsum nicht harmlos für das Gefäßsystem ist, selbst wenn die Auswirkungen jahrzehntelang unbemerkt bleiben.

Die Geschichte stiller Gefäßschäden soll Cannabis nicht verteufeln, sondern eine oft übersehene Wahrheit ans Licht bringen. Die Gefäße sprechen nicht laut. Sie flüstern durch subtile Veränderungen – leichte Verdickungen, geringfügige Entzündungen, verminderte Flexibilität. Mit der Zeit bilden diese leisen Anzeichen einen Chor, der nur durch bildgebende Verfahren oder während einer Operation hörbar wird. Wenn die Gefäße schließlich laut werden, geschieht dies bei einem Herzinfarkt, einem Schlaganfall oder einem plötzlichen Kollaps.

Zu verstehen, wie Marihuana die Blutgefäße schwächt, bedeutet nicht, jeglichen Konsum zu verteufeln. Es geht darum, die biologische Realität hinter dem Begriff „Rauchen" zu erkennen. Es geht darum, die schleichende Entwicklung von Endothelfunktionsstörungen, Plaquebildung und Arterienverdickung anzuerkennen. Es geht darum, Annahmen durch Wissen und Mythen durch Beweise zu ersetzen.

Auch stiller Schaden ist Schaden. Und für das Herz und seine Gefäße ist Stille oft das gefährlichste Geräusch von allen.

Kapitel 7 – Das junge Herz in Gefahr: Plötzliche Herzereignisse bei Nutzern unter 40 Jahren

Es herrscht der gefährliche Mythos, Jugend sei ein undurchdringlicher Schutzschild, eine Art biologische Versicherung, die den Körper angeblich vor den Folgen des Lebensstils bewahrt. Unter Marihuana-Konsumenten unter vierzig Jahren ist diese Illusion besonders stark. Sie wähnen sich unbesiegbar, weil ihre Gelenke flexibel sind, ihre Ausdauer hoch ist und ihre jährlichen Vorsorgeuntersuchungen – sofern sie diese überhaupt wahrnehmen – selten Auffälligkeiten zeigen. Doch die Wahrheit, die sich im Laufe der Jahre durch medizinische Fälle, Notfälle im OP und verzögerte Diagnosen herauskristallisiert hat, ist, dass Marihuana das Herz viel früher destabilisieren kann, als die meisten Menschen vermuten würden. Der junge Körper mag Muskeln, Haut und Prellungen schnell reparieren, aber das Herz funktioniert nicht nach demselben Prinzip der jugendlichen Unversehrtheit. Sein Rhythmus, seine Arterien und seine elektrische Stabilität können durch den falschen physiologischen Stress zum falschen Zeitpunkt aus dem Gleichgewicht geraten, manchmal mit katastrophalen Folgen. Dieses Kapitel enthüllt die unbequeme Wahrheit, dass plötzliche Herzereignisse bei Menschen unter vierzig nicht nur möglich sind – sie treten immer häufiger auf und stehen oft im Zusammenhang mit Marihuana-Konsum.

Im letzten Jahrzehnt sah sich Dr. London immer wieder mit Fällen konfrontiert, die allem widersprachen, was die Öffentlichkeit glauben wollte. Er erinnerte sich an einen der erschütterndsten: Ein 28-jähriger Mann wurde mit heftigen Brustschmerzen eingeliefert, die während eines fröhlichen Beisammenseins mit Freunden am Wochenende begonnen hatten. Die Ärzte in der Notaufnahme vermuteten zunächst Angstzustände oder vielleicht eine Gastritis; schließlich sah der Patient zu jung für einen Herzinfarkt aus. Doch das EKG erzählte eine andere Geschichte. Seine ST-Strecken waren angehoben. Der Troponinwert schoss in die Höhe. Eine Koronararterie hatte einen so heftigen Gefäßkrampf erlitten, dass der Blutfluss fast vollständig zum Erliegen kam. Auf die Frage, ob er rauche, antwortete der Patient passiv, dass er keine Zigaretten rauche, fügte aber beiläufig hinzu, er habe zuvor „ein paar Züge an einem Joint" genommen. Die Formulierung klang unschuldig, als sei das Marihuana nur ein unbedeutendes Hintergrundgeräusch. Doch die Pathophysiologie wies eindeutig auf einen durch Cannabinoide ausgelösten Gefäßkrampf hin. Im Herzkatheterlabor beobachteten die Ärzte, wie sich die Arterien unvorhersehbar zusammenzogen und entspannten – sie verhielten sich eher wie launische Muskeln als wie die stabilen, zuverlässigen Blutgefäße, die sie eigentlich sein sollten. Der Patient überlebte, aber erst nach stundenlanger Ungewissheit und intensiven Eingriffen.

Geschichten wie seine wurden immer häufiger. Dr. London behandelte zahlreiche Patienten zwischen 20 und 30 Jahren mit Herzrhythmusstörungen, die für ihr Alter ungewöhnlich schienen. Manche kamen mit so heftigem Herzrasen, dass sie glaubten, zu sterben. Andere brachen ohne Vorwarnung bei alltäglichen Tätigkeiten zusammen – beim Joggen, Arbeiten, Kochen oder sogar beim Sitzen am Schreibtisch. Was viele dieser Fälle verband, war der kürzliche Konsum von Marihuana, selbst in geringen Mengen. Während einige Patienten von täglichem Konsum berichteten, gaben andere gelegentlichen Konsum zu. Dieses Muster deutete darauf hin, dass das junge Herz trotz seiner Vitalität besonders empfindlich auf die Wirkung von THC auf die elektrische Leitfähigkeit und die Gefäßspannung reagiert. Ein junges Alter bot keinen Schutz vor plötzlichen Veränderungen des Herzrhythmus oder Gefäßverengungen.

Die Wechselwirkung von Marihuana mit dem Herz-Kreislauf-System junger Menschen ist komplexer als allgemein angenommen. Jüngere Erwachsene verstoffwechseln THC aufgrund eines schnelleren Grundumsatzes und einer veränderten Körperzusammensetzung oft anders. Ihr sympathisches Nervensystem reagiert tendenziell stärker, was zu deutlicheren Herzfrequenzspitzen und Blutdruckschwankungen führt. Gelangt THC in den Blutkreislauf, löst es eine Kaskade autonomer Reaktionen aus – Gefäßerweiterung in einigen Regionen, Gefäßverengung in anderen. Diese ungleichmäßige Reaktion belastet das Herz, das stärker arbeiten muss, um das Gleichgewicht aufrechtzuerhalten. Bei Menschen unter vierzig Jahren mögen diese schnellen Schwankungen oberflächlich betrachtet harmlos erscheinen, da sie sich schnell wieder normalisieren. Doch unter der Oberfläche schaffen sie eine physiologische Grundlage für Instabilität, insbesondere wenn sie sich über Monate oder Jahre wiederholen.

Ein Fall betraf eine 30-jährige Frau, die während einer Yoga-Übung plötzlich mitten in der Pose zusammenbrach. Sie wirkte kerngesund – keine familiäre Vorbelastung, keine diagnostizierten Erkrankungen, keine Warnzeichen. Die Rettungssanitäter vermuteten zunächst Dehydrierung oder eine Ohnmacht, doch im Krankenhaus erlitt sie Kammerflimmern. Ihr Herzrhythmus geriet völlig außer Kontrolle. Die Reanimationsmaßnahmen waren erfolgreich, doch als Dr. London später ihr Angiogramm auswertete, entdeckte er eine leichte Endothelreizung in ihren Koronararterien. Die Entzündung war nicht auf Cholesterin oder Autoimmunerkrankungen zurückzuführen, sondern auf chronischen Cannabiskonsum. Als ihr Mann erwähnte, dass sie Cannabis-Lebensmittel konsumierte und gelegentlich verdampfte, sprach er verwirrt, als wolle er nicht verstehen, wie etwas so Harmloses mit einem beinahe tödlichen Ereignis zusammenhängen konnte. Tatsächlich kann THC aus Verdampfungskonzentraten jedoch in hohen Dosen sehr schnell in den Blutkreislauf gelangen und die Regulationsmechanismen des Herzens überfordern.

Junge Erwachsene unterschätzen oft ihre Verletzlichkeit, gerade weil sie darauf konditioniert sind, Marihuana als natürlich und daher harmlos zu betrachten. Soziale Medien verstärken diese Ansicht. Plattformen sind voll von Influencern, die ganz selbstverständlich rauchen oder Cannabisprodukte konsumieren, während sie trainieren, wandern, tanzen oder Aktivitäten nachgehen, die Widerstandsfähigkeit und Wohlbefinden suggerieren. Die Botschaft lautet: Marihuana bereichert das Leben, anstatt es zu bedrohen. Was diese jungen Konsumenten nicht sehen, sind die medizinischen Unterlagen, die Dr. London ausgewertet hat – die EKG-Streifen, die plötzliche elektrische Störungen zeigen, die Angiogramme, die Arterienkrämpfe mit Unterbrechung der Blutversorgung belegen, oder die Laborergebnisse, die einen Sauerstoffmangel im Herzmuskel aufzeigen. Sie sehen nicht die Panik in den Gesichtern der Eltern in den Wartezimmern der Krankenhäuser, die versuchen zu verstehen, wie ihr aktives, gesundes Kind einen Herzstillstand erleiden konnte.

Noch beunruhigender waren die Fälle junger Männer und Frauen, die glaubten, Marihuana beruhige sie oder helfe ihnen beim Einschlafen. Ein solcher Fall betraf einen 24-Jährigen, der jeden Abend Marihuana konsumierte, um Stress abzubauen. Eines Morgens fand ihn sein Mitbewohner bewusstlos in seinem Zimmer. Im Krankenhaus stellte sich heraus, dass er im Schlaf eine stille Herzrhythmusstörung erlitten hatte – vermutlich ausgelöst durch eine THC-bedingte Störung des autonomen Nervensystems. Er überlebte, behielt aber aufgrund des vor der Diagnose anhaltenden Sauerstoffmangels leichte, langfristige kognitive Beeinträchtigungen zurück. In späteren Gesprächen zeigte er sich fassungslos. Er sagte, er habe angenommen, Marihuana senke die Herzfrequenz und entspanne den Körper, weshalb er es für sicherer als Alkohol oder Tabak gehalten habe. Sein Verständnis basierte eher auf kulturellen Vorstellungen als auf wissenschaftlichen Erkenntnissen.

Diese Fehlvorstellungen sind besonders unter jungen Erwachsenen weit verbreitet, da viele von ihnen in einer Zeit der Legalisierung und Normalisierung aufgewachsen sind. Marihuana wird mit pastellfarbenen Verpackungen, lockeren Slogans und einem Fokus auf „Wellness" vermarktet. Jüngere Erwachsene erinnern sich nicht an die jahrzehntelange Forschung, die die Wirkung von Marihuana auf Herzfrequenz, autonome Steuerung und Gefäßfunktion belegt. Stattdessen übernehmen sie aktuelle Darstellungen, die es als harmlose Pflanze oder Mittel zur Stressbewältigung darstellen. Diese Diskrepanz zwischen Wahrnehmung und Physiologie ist einer der Hauptgründe, warum plötzliche Herzereignisse bei unter Vierzigjährigen häufiger auftreten.

Ein weiteres eindrucksvolles Beispiel war ein 32-jähriger Softwareentwickler, der auf dem Weg zur Arbeit einen Herzinfarkt erlitt. Zunächst hielt er das Engegefühl in seiner Brust für Sodbrennen. Als die Schmerzen in seinen Kiefer ausstrahlten und ihm schwindlig wurde, hielt er an und rief einen Krankenwagen. Im Krankenhaus wurde eine Verstopfung einer kleinen, aber lebenswichtigen Koronararterie festgestellt. Es handelte sich nicht um die typische Plaquebildung, die man bei älteren Erwachsenen sieht, sondern um ein Blutgerinnsel, das durch eine Gefäßentzündung und eine Endotheldysfunktion ausgelöst wurde. Später gab er zu, fast täglich hochpotentes THC-Öl verdampft zu haben, um Stress im Beruf abzubauen. Das Verdampfen, sagte er, fühle sich sauberer an als Rauchen und sei daher sicherer. Was er nicht wusste: Die ultrafeinen Partikel und chemischen Zusätze im Dampf können die Blutgefäße schnell entzünden und so ideale Bedingungen für die Bildung eines Blutgerinnsels schaffen, selbst bei jungen und scheinbar gesunden Menschen.

Dr. London reflektierte oft darüber, wie Fälle wie diese sein Verständnis von Risikowahrnehmung veränderten. Jüngere Menschen assoziieren Herzinfarkte eher mit älteren Erwachsenen, die jahrzehntelang ungesunde Gewohnheiten hatten. Sie stellen sich verstopfte Arterien mit dicken Ablagerungen vor, nicht die plötzlichen Krämpfe oder akuten Entzündungsreaktionen, die durch Marihuana ausgelöst werden. Daher zögern junge Erwachsene möglicherweise, bei Auftreten von Symptomen ärztliche Hilfe in Anspruch zu nehmen. Diese Verzögerung kann tödlich sein. In mehreren Fällen warteten Patienten unter vierzig Jahren stundenlang, bevor sie ins Krankenhaus kamen, weil sie die Schmerzen für muskulär oder stressbedingt hielten. Bis zu ihrer Ankunft war das Herzgewebe bereits irreversibel geschädigt.

Die Physiologie des jungen Herzens vermittelt ein trügerisches Gefühl der Sicherheit. So sind beispielsweise die Arterienwände in jungen Jahren elastischer, was zunächst vorteilhaft erscheinen mag. Diese Elastizität führt jedoch auch zu einer stärkeren Reaktion auf chemische Reize. Wenn THC eine Vasokonstriktion auslöst, können sich die Arterien abrupt und kraftvoll zusammenziehen und die Blutversorgung deutlich stärker unterbrechen als bei älteren, steiferen Arterien. Auch das Reizleitungssystem des jungen Herzens ist zwar schnell und reaktionsfreudig, aber dadurch anfälliger für elektrische Fehlfunktionen bei Überstimulation. Herzrhythmusstörungen wie Vorhofflimmern, supraventrikuläre Tachykardie und sogar ventrikuläre Arrhythmien wurden bei jungen Cannabiskonsumenten ohne Vorerkrankungen dokumentiert.

Ein weiteres Risiko für Menschen unter 40 Jahren ergibt sich aus der Kombination verschiedener Lebensstilfaktoren. Junge Erwachsene konsumieren Marihuana oft zusammen mit anderen Genussmitteln wie Energy-Drinks, Alkohol, intensivem Sport oder Schlafmangel. Jeder dieser Faktoren erhöht für sich genommen die Belastung des Herzens. In Verbindung mit den physiologischen Wirkungen von THC kann dies zu einer gefährlichen Verschlechterung des Zustands führen. Dr. London erinnerte sich an den Fall eines 26-jährigen Fitnessbegeisterten, der vor dem Training Marihuana konsumierte, weil er glaubte, dadurch seine Konzentration zu verbessern. Während einer Trainingseinheit erlitt er einen plötzlichen Herzstillstand. Die Reanimation rettete ihm das Leben, doch die anschließende Diagnose ergab, dass er eine maligne Arrhythmie erlitten hatte, ausgelöst durch THC in Kombination mit dem durch den Sport erhöhten Adrenalinspiegel. Die starke Aktivierung des Sympathikus führte zu einer verheerenden Belastung in einem ansonsten gesunden Herzen.

Es gab auch Fälle, in denen Marihuana unbemerkt im Hintergrund wirkte. Eine 29-jährige Frau wurde ins Krankenhaus eingeliefert, nachdem sie auf einer Treppe ohnmächtig geworden war. Untersuchungen ergaben eine Myokarditis – eine Entzündung des Herzmuskels. Obwohl keine Infektion, Autoimmunerkrankung oder andere Risikofaktoren vorlagen, die dies erklären konnten, gab sie zu, jeden Abend Marihuana zu konsumieren. Die THC-Belastung, kombiniert mit einer ihr unbekannten Veranlagung, löste eine Entzündungskaskade aus. Ihre Genesung erforderte monatelange Medikamente und eingeschränkte körperliche Aktivität – etwas, womit sie vor ihrem 30. Lebensjahr nie gerechnet hatte.

Was all diese Geschichten verbindet, ist die ernüchternde Wahrheit, dass auch das Herz von Menschen unter vierzig Jahren nicht vor den kardiovaskulären Folgen von Marihuana gefeit ist. Plötzliche Herzereignisse bei jungen Erwachsenen sind keine medizinischen Ausnahmen mehr – sie werden zunehmend als klinisches Muster erkannt. Viele dieser Patienten wirken gesund, fit und energiegeladen, doch hinter diesem Erscheinungsbild verbergen sich subtile Veränderungen im Inneren der Gefäß- und Reizleitungssysteme des Herzens.

Dr. London lernte allmählich, gezielte Fragen zu stellen, wenn jüngere Patienten mit Symptomen in die Praxis kamen. Er fragte nicht mehr nur, ob sie rauchten, sondern wollte wissen, was, wie oft und in welcher Form. Viele Patienten verschwiegen ihren Marihuanakonsum zunächst, weil sie ihn für irrelevant hielten. Erst nachdem sie ihre Gewohnheiten geschildert hatten, ergab alles einen Sinn. Die Diskrepanz zwischen öffentlicher Wahrnehmung und medizinischer Realität wurde in diesen Gesprächen deutlich. Viele junge Menschen glaubten, Marihuana sei harmlos, weil sie von klein auf gehört hatten, es sei „nur eine Pflanze". Nur wenige verstanden, dass der moderne Markt Produkte anbietet, die weitaus potenter sind als das Marihuana vergangener Jahrzehnte.

Junge Herzen sind dynamische, hochreaktive Organe, und diese Sensibilität macht sie in vielerlei Hinsicht anfälliger für die akuten Belastungen durch THC. Während ältere Erwachsene häufig mit chronischen Herz-Kreislauf-Problemen zu kämpfen haben, neigen jüngere Erwachsene eher zu plötzlichen elektrischen oder vaskulären Ereignissen. Diese Ereignisse treten ohne Vorwarnung auf und können sowohl bei alltäglichen Aktivitäten wie Schlafen als auch bei körperlicher Anstrengung vorkommen.

Jugend schützt nicht vor Strafe. Im Gegenteil, sie schafft eine gefährliche Blindheit.

Am Ende dieses Kapitels wird die zentrale Botschaft deutlich: Marihuana birgt reale und unmittelbare Risiken für Menschen unter vierzig Jahren – Risiken, die allzu oft verharmlost oder ignoriert werden. Die Patienten, die auf dem OP-Tisch oder in der Kardiologie landeten, hätten nie damit gerechnet, dass Marihuana in ihren medizinischen Notfällen eine Rolle spielen würde. Ihre Geschichten erinnern uns daran, dass das junge Herz zwar stark, aber nicht unzerstörbar ist. Und in einer Welt, in der Cannabiskonsum immer verbreiteter und gesellschaftlich normalisiert wird, ist es unerlässlich, diese Verletzlichkeit zu verstehen – nicht um Angst zu verbreiten, sondern um diejenigen zu schützen, die sich aufgrund ihres Alters für unverwundbar halten.

Kapitel 8 – Schlaganfall- und Herzrhythmusstörungen: Die oft übersehenen Nebenwirkungen

Für die meisten Cannabiskonsumenten erscheint die Vorstellung, dass Cannabis einen Schlaganfall oder gefährliche Herzrhythmusstörungen auslösen könnte, absurd, fast lächerlich. Sie stellen sich Schlaganfälle als etwas vor, das nur Menschen mit grauen Haaren, Diabetes oder jahrzehntelangem ungesunden Lebensstil betrifft. Auch Herzrhythmusstörungen gelten als Probleme älterer Patienten, nicht als Probleme von Studenten, jungen Berufstätigen oder Gelegenheitskonsumenten, die Cannabis als harmlose Entspannungsmethode betrachten. Doch hinter den verschlossenen Türen von Krankenhausstationen und Notaufnahmen hat sich ein beunruhigendes Muster herausgebildet: durch Cannabis ausgelöste Schlaganfälle und Herzrhythmusstörungen bei Menschen, die sich für viel zu jung und viel zu gesund für solche Komplikationen hielten. Diese Ereignisse kündigen sich nicht durch sanfte Vorwarnungen an. Sie treten plötzlich, heftig und oft ohne jegliche Vorsymptome auf. Der gemeinsame Nenner vieler dieser Fälle ist die unterschätzte Wirkung von THC auf Blutgefäße, elektrische Signale und die Stabilität des Kreislaufs.

Insbesondere das Schlaganfallrisiko hat sich in einer Weise erhöht, die selbst erfahrene Ärzte überrascht hat. Dr. London erinnerte sich oft an einen Fall einer 34-jährigen Frau, die von ihrem Partner in die Notaufnahme gebracht wurde, nachdem sie plötzlich nicht mehr zusammenhängend sprechen konnte. Ihre Worte verhallten undeutlich, und eine Gesichtshälfte hing herab. Zunächst bestand ihr Partner darauf, dass sie zu jung für einen Schlaganfall sei. Doch eine schnelle Untersuchung ergab ein Blutgerinnsel in einer kleinen, aber lebenswichtigen Arterie, die ihr Sprechzentrum versorgte. Das Gerinnsel ähnelte nicht den Gerinnseln, die durch langfristige Cholesterinablagerungen entstanden sind; es wirkte vielmehr frisch, plötzlich entstanden und durch ein akutes Gefäßereignis ausgelöst worden. Auf die Frage nach Gewohnheiten oder möglichen Belastungen erwähnte ihr Partner beiläufig, dass sie am Abend zuvor ein paar Züge an einer E-Zigarette genommen hatte. Dieser Zusammenhang erschien ihm unmöglich, doch die physiologischen Befunde sprachen eine andere Sprache. Ihre Arterien, die bereits durch monatelangen Konsum von hochpotentem THC-Dampf gereizt waren, hatten sich stark verengt. Es bildete sich ein kleines Blutgerinnsel, das sich dann ausbreitete und die Blutzufuhr zu einer lebenswichtigen Region ihres Gehirns unterbrach.

Die Annahme, dass Marihuana solche Ereignisse auslösen kann, basiert auf einer grundlegenden Tatsache: THC beeinflusst die Blutgefäße dramatisch. Es kann zu deren Verengung, Erweiterung oder zum Wechsel zwischen diesen beiden Zuständen führen und so Turbulenzen im Blutfluss verursachen. Viele junge Konsumenten bemerken diese Schwankungen nicht. Doch unter der Oberfläche schaffen die unregelmäßigen Veränderungen des Gefäßtonus ideale Bedingungen für die Bildung von Blutgerinnseln. Verengt sich ein Gefäß abrupt, drängen sich die Blutbestandteile enger zusammen. Blutplättchen verkleben, Fibrinfäden bilden sich schnell, und ein Gerinnsel entsteht erstaunlich leicht. Löst sich dieses Gerinnsel, kann es in Richtung Gehirn wandern und eine empfindliche Arterie verstopfen. Dies ist keine Theorie. Es ist der Mechanismus hinter vielen Schlaganfällen, die Dr. London bei jüngeren Marihuana-Konsumenten behandelte.

Ein weiterer, ebenso besorgniserregender Aspekt ist die Wirkung von THC auf den Blutdruck. Viele Menschen verbinden Marihuana mit Entspannung und stellen sich Stressabbau und eine Verringerung der körperlichen Anspannung vor. In den frühen Phasen des Rausches kann tatsächlich ein Gefühl der Ruhe eintreten. Was Konsumenten jedoch nicht bemerken, ist der plötzliche Anstieg von Herzfrequenz und Blutdruck, der häufig wenige Minuten nach dem Inhalieren oder Einnehmen auftritt. Dieser Anstieg des sympathischen Nervensystems kann so stark sein, dass er die Gefäßwände schädigt oder bereits vorhandene Ablagerungen in den Arterien löst. Selbst bei Menschen ohne bestehende Ablagerungen kann der plötzliche Druckanstieg Mikroverletzungen in den Endothelzellen verursachen und so empfindliche Oberflächen den zirkulierenden Gerinnungsfaktoren aussetzen. Diese mikroskopischen Verletzungen sind für den Konsumenten unsichtbar, bilden aber die Grundlage für Ereignisse, die sich dramatisch verschlimmern können.

Herzrhythmusstörungen verlaufen oft unbemerkt, bis sie auftreten. Die Auswirkungen von Cannabis auf das elektrische System des Herzens werden häufig unterschätzt. THC interagiert mit Rezeptoren nicht nur im Gehirn, sondern auch im Herzgewebe selbst. Diese Rezeptoren modulieren die Ionenkanäle, die für einen regelmäßigen Herzrhythmus verantwortlich sind. Wenn THC diese Kanäle beeinflusst, kann es zu unregelmäßigen Erregungsmustern führen. Bei manchen Konsumenten äußert sich dies als kurzes Herzklopfen oder -flattern, das sie ignorieren. Bei anderen, insbesondere bei genetischer Veranlagung, Dehydrierung, Stress oder bei gleichzeitigem Konsum von Cannabis mit Alkohol oder Koffein, kann die Beeinträchtigung jedoch zu Vorhofflimmern oder Herzrasen führen.

Dr. London erinnerte sich an eine 27-jährige Studentin, die mit unkontrollierbarem Herzrasen in die Notaufnahme gekommen war. Ihr Puls lag bei fast 180 Schlägen pro Minute. Sie war auf einer Party gewesen, hatte an einem Joint gezogen und plötzlich ein Engegefühl in der Brust verspürt. Sie erzählte den Krankenschwestern, dass sie noch nie Herzprobleme gehabt habe und vermutete, dass etwas mit ihrer Lunge nicht stimmte. Das EKG zeigte jedoch eine eindeutige supraventrikuläre Tachykardie. Die Herzrhythmusstörung wurde durch eine elektrische Fehlfunktion ausgelöst, die durch die THC-bedingte Überstimulation ihres autonomen Nervensystems in Gang gesetzt wurde. Nur mit Medikamenten und gezielten Maßnahmen konnte ihr Herzschlag beruhigt werden. Anschließend zeigte sie sich schockiert darüber, dass Marihuana die Ursache gewesen sein könnte.

Fälle von Vorhofflimmern traten ebenso häufig auf. Ein 39-jähriger Bankangestellter stellte sich nach einem Abend mit Freunden, an dem er Marihuana geraucht hatte, mit plötzlicher Atemnot und Herzrhythmusstörungen vor. Er hatte weder Bluthochdruck noch Cholesterinprobleme und auch keine familiäre Vorbelastung. Doch die unregelmäßigen, chaotischen Signale in seinen Vorhöfen erhöhten sein Risiko für die Bildung von Blutgerinnseln in den Herzkammern, die dann ins Gehirn wandern und einen Schlaganfall verursachen könnten. Selbst nachdem sich die Herzrhythmusstörung gelegt hatte, erklärten ihm die Ärzte, dass die Episode sein lebenslanges Schlaganfallrisiko erhöht hatte, da sie ein Muster elektrischer Instabilität geschaffen hatte, das unerwartet wieder auftreten könnte. Seine Reaktion war Ungläubigkeit; er hatte angenommen, Vorhofflimmern sei etwas, das nur ältere Männer betreffe, nicht jemanden, der Halbmarathons lief und sich – abgesehen vom gelegentlichen Rauchen – als gesundheitsbewusst betrachtete.

In vielen Fällen überschneiden sich die Risiken für Schlaganfall und Herzrhythmusstörungen und bilden eine gefährliche Kombination. Bei Menschen mit THC-induzierten Herzrhythmusstörungen kann es zu unregelmäßigem Blutfluss im Herzen kommen. Diese turbulenten Bewegungen begünstigen die Bildung von Blutgerinnseln in den Vorhöfen. Einmal gebildet, können diese Gerinnsel in den Blutkreislauf gelangen und das Gehirn erreichen. Deshalb sind selbst einzelne Episoden von Vorhofflimmern besorgniserregend, insbesondere wenn sie durch Substanzen wie Marihuana ausgelöst werden, die wiederholte Störungen verursachen können.

Ein besonders tragischer Fall betraf eine 32-jährige Lehrerin, die von einer Nachbarin bewusstlos in ihrer Wohnung aufgefunden wurde. Sie wurde mit einem schweren Schlaganfall ins Krankenhaus eingeliefert. Ein Blutgerinnsel hatte sich während einer unbemerkten Herzrhythmusstörung in ihrem Herzen gebildet und war gewandert, um eine der Hauptarterien zu blockieren, die ihr Gehirn versorgen. Sie wurde notoperiert, um das Gerinnsel zu entfernen. In den darauffolgenden Tagen, als Dr. London ihre Krankengeschichte rekonstruierte, entdeckte er, dass sie mehrmals wöchentlich Marihuana verdampft hatte, um ihre chronische Angst zu lindern. Die Autopsie ergab ein ansonsten gesundes Herz-Kreislauf-System – abgesehen von Anzeichen elektrischer Instabilität im Herzgewebe, die wahrscheinlich durch wiederholten THC-Konsum verschlimmert worden waren. Ihre Freunde sagten später, sie hätten immer angenommen, dass Verdampfen die sicherste und schonendste Art sei, Marihuana zu konsumieren, und sie selbst habe das auch geglaubt.

Ein weiteres, oft übersehenes Konzept ist das reversible zerebrale Vasokonstriktionssyndrom (RCVS), eine Erkrankung, die bei jungen Cannabiskonsumenten häufiger vorkommt, als die meisten annehmen. Beim RCVS verengen sich die Arterien im Gehirn unvorhersehbar und schränken so den Blutfluss ein. Dies verursacht heftige, plötzliche Kopfschmerzen, die manchmal auch als „Donnerschlagkopfschmerzen" bezeichnet werden. In schweren Fällen kann die Verengung zu einem Schlaganfall führen. Dr. London erinnerte sich an einen 30-jährigen Mann, der mit schmerzverzerrtem Gesicht und schmerzunfähig, die Augen zu öffnen, in die Notaufnahme eingeliefert wurde. Er beschrieb das Gefühl, als sei „etwas in ihm explodiert". Bildgebende Verfahren zeigten eine Verengung mehrerer Hirnarterien. Die Ursache lag in einem stark wirksamen Cannabisprodukt, das er zuvor konsumiert hatte und das zu schnell eine hohe Dosis THC in seinen Blutkreislauf freisetzte. Die Gefäße reagierten mit einer Verengung, was eine Kettenreaktion auslöste, die leicht zu einem Schlaganfall hätte führen können.

Trotz dieser alarmierenden Fälle hält sich die öffentliche Wahrnehmung von Marihuana als harmlos hartnäckig, auch weil seine Wirkungen uneinheitlich sind. Nicht jeder Konsument leidet unter Herzrasen. Nicht jeder erleidet einen Schlaganfall. Diese Uneinheitlichkeit erzeugt ein trügerisches Sicherheitsgefühl und lässt Menschen glauben, Marihuana sei unbedenklich, obwohl ihre individuelle Physiologie die Warnzeichen möglicherweise nur verschleiert. Manche Menschen haben genetisch bedingt robuste Blutgefäße oder ein von Natur aus stabiles elektrisches Reizleitungssystem. Andere wiederum bewegen sich unwissentlich am Rande des Risikos, wobei THC als Auslöser wirken und eine medizinische Krise auslösen kann.

Ein weiterer Faktor, der zu übersehenden Risiken beiträgt, ist die hohe Wirkstoffkonzentration moderner Cannabisprodukte. Die THC-Konzentrationen sind weit höher als in früheren Generationen. Diese hochpotenten Sorten und Konzentrate liefern starke Dosen, die die körpereigenen Regulationssysteme überfordern. Die Blutgefäße verengen sich stärker. Das Herz rast. Der Blutdruck steigt abrupt an. Während ältere Menschen diese Veränderungen aufgrund ihres weniger flexiblen Herz-Kreislauf-Systems sofort spüren, bemerken jüngere Erwachsene möglicherweise gar nichts. Ihr Körper kompensiert dies – bis zu dem Punkt, an dem es nicht mehr geht.

Dr. London fragte sich oft, wie viele Schlaganfälle und Herzrhythmusstörungen hätten verhindert werden können, wenn Konsumenten die physiologische Kettenreaktion verstanden hätten, die sie auslösten. Er stellte sich vor, wie anders sich Menschen verhalten würden, wenn sie wüssten, dass THC die glatten Muskelzellen in den Arterienwänden zu heftigen Kontraktionen veranlassen kann, ähnlich einem plötzlichen Muskelkrampf. Diese Kontraktionen können den Blutfluss in empfindlichen Gefäßen des Gehirns unterbrechen oder die Herzkranzgefäße gefährlich verengen. Derselbe vegetative Schub, der bei manchen Menschen ein Gefühl der Euphorie oder Leichtigkeit hervorruft, kann das Herz in einen chaotischen Rhythmus versetzen.

Ein weiteres beunruhigendes Muster zeigte sich, wenn THC mit Dehydrierung einherging – ein häufiges Problem bei jüngeren Menschen, die Koffein konsumieren, intensiv Sport treiben oder zu wenig trinken. Dehydrierung verdickt das Blut und erhöht so das Risiko von Blutgerinnseln. In Kombination mit der durch THC hervorgerufenen Gefäßverengung steigt das Schlaganfallrisiko deutlich an. Dr. London behandelte mehrere Patienten unter vierzig Jahren, die während oder nach dem Sport einen Schlaganfall erlitten, nachdem sie zuvor Cannabis konsumiert hatten. Die Kombination aus Flüssigkeitsmangel, erhöhtem Puls und der Wirkung von THC schuf ideale Bedingungen für einen Gefäßkollaps oder die Bildung von Blutgerinnseln.

Besonders gefährlich an diesen Situationen ist die verzögerte Erkennung. Junge Betroffene ignorieren oft frühe Symptome eines Schlaganfalls oder einer Herzrhythmusstörung. Taubheitsgefühle oder Kribbeln werden fälschlicherweise für Angstzustände gehalten. Plötzlicher Schwindel wird möglicherweise auf Hunger oder Flüssigkeitsmangel zurückgeführt. Beschwerden in der Brust werden als Muskelverspannung abgetan. Herzrhythmusstörungen werden als Stress erklärt. Diese Verzögerungen bei der Suche nach Hilfe können zu irreversiblen Schäden führen. Viele junge Patienten kommen zu spät für Medikamente zur Auflösung des Blutgerinnsels oder rechtzeitige elektrische Interventionen.

Durch die jahrelange Untersuchung dieser Fälle erkannte Dr. London, dass die durch Marihuana verursachten Gefäß- und Herzrhythmusstörungen kein Zufall waren. Sie folgten bestimmten Mustern – Mustern, die mit Dosierung, Häufigkeit, Wirkstärke und individuellen Anfälligkeiten zusammenhingen. Muster, die auf eine klare und oft ignorierte Wahrheit hinwiesen: Marihuana ist nicht allein deshalb sicher, weil es natürlich ist. Es wirkt auf die Blutgefäße mit der gleichen Stärke wie viele synthetische Substanzen. Es verändert den Herzrhythmus mit der gleichen Unberechenbarkeit wie Stimulanzien. Und es birgt das Risiko von Schlaganfällen und Herzrhythmusstörungen für Bevölkerungsgruppen, die sich traditionell für immun hielten.

Die jungen Erwachsenen, die in die Notaufnahmen kamen, waren keine leichtsinnigen Personen; viele waren gebildet, gesundheitsbewusst und sozial verantwortlich. Ihr größter Fehler war die Annahme, Marihuana könne ihrem Herz-Kreislauf-System nicht schaden, weil ihnen niemand etwas anderes gesagt hatte.

Dieses Kapitel soll uns daran erinnern, dass Gehirn und Herz mit höchster Präzision funktionieren. Störungen des Blutflusses oder -rhythmus – unabhängig von ihrer Ursache – haben Folgen. Wenn THC den Gefäßtonus, den Blutdruck und die elektrische Signalübertragung beeinträchtigt, können diese Folgen plötzlich und schwerwiegend auftreten. Schlaganfall und Herzrhythmusstörungen sind für junge Konsumenten keine ferne Möglichkeit; sie sind real, unmittelbar und werden massiv unterschätzt.

Das Verständnis dieser Risiken dient nicht dazu, Angst zu schüren, sondern dazu, dort Klarheit zu schaffen, wo Fehlinformationen verbreitet wurden. Da Cannabis in der Gesellschaft immer normaler wird, gewinnt die Verantwortung, seine Auswirkungen auf das Herz-Kreislauf-System zu erkennen, zunehmend an Bedeutung. Wissen ist kein Hindernis für den Genuss, sondern ein Schutz vor irreversiblen Schäden.

Kapitel 9 – Was Marihuana-Rauch enthält: Giftstoffe, Teer und Verbrennungsnebenprodukte

Die meisten Befürworter von Marihuana als völlig harmlose Substanz begründen ihre Ansicht damit, dass es sich um eine Pflanze handelt. Sie argumentieren, dass alles, was in Erde wächst, vom Regen bewässert und vom Sonnenlicht genährt wird, beim Verbrennen und Inhalieren unmöglich gefährliche Wirkungen hervorrufen kann.*Bio*Der Begriff „Verbrennung" hat in der modernen Kultur eine fast magische Bedeutung angenommen, die viele nutzen, um ihre Entscheidungen zu rechtfertigen, ohne die wissenschaftlichen Grundlagen zu hinterfragen. Doch die Wahrheit, die über Jahrzehnte in Medizin und Chemie beobachtet wurde, ist: Bei der Verbrennung von Pflanzenmaterial entstehen Giftstoffe. Dabei spielt es keine Rolle, ob die Pflanze im heimischen Garten oder in einem zertifizierten Bio-Gewächshaus angebaut wurde. Sobald sie mit Feuer in Berührung kommt, verändert sich die chemische Zusammensetzung, und der Rauch wird zu einem Cocktail schädlicher Chemikalien, für deren Verarbeitung die Lunge nicht ausgelegt ist.

Für Dr. London lieferten nicht akademische Debatten, sondern der Geruch und die Dichte des Rauchs selbst die deutlichsten Beweise für diese Realität. Marihuana-Rauch hängt in Krankenhausfluren, auf der Kleidung von Patienten und in der Luft von Wartezimmern, wenn Besucher kurz für ein paar Züge vor die Tür gehen. Er hat dieselbe Schwere wie Tabakrauch – denselben klebrigen Rückstand, dasselbe stechende Gefühl. Jeder, der schon einmal durch eine Marihuana-Rauchwolke gegangen ist, weiß instinktiv, dass es sich nicht einfach um Wasserdampf oder harmlosen Nebel handelt. Der klebrige Geruch, der an Stoffen haftet, beweist, dass Partikel noch lange nach dem Aufsteigen des Rauchs in der Luft schweben.

Um zu verstehen, was beim Verbrennen von Marihuana passiert, muss man zunächst die Verbrennung selbst verstehen. Feuer ist eine chemische Reaktion, nicht nur eine einfache Möglichkeit, Wärme zu erzeugen. Wenn Pflanzenmaterial entzündet wird, beginnen sich die darin enthaltene Zellulose, die Öle und die biologischen Verbindungen zu zersetzen. Ihre Molekularstrukturen zersetzen sich unter der intensiven Hitze und setzen sich zu neuen Verbindungen zusammen, die zuvor in der Pflanze nicht vorhanden waren. Einige dieser Verbindungen sind relativ harmlos, viele jedoch giftig. Diese Giftstoffe unterscheiden nicht, ob die Pflanze natürlich oder biologisch angebaut wurde. Durch die Verbrennung werden sie in Reizstoffe, Karzinogene und schwere Partikel umgewandelt, die tief in die Lunge eindringen.

Einer der Hauptbestandteile von Marihuana-Rauch ist Teer. Teer ist keine einzelne Substanz, sondern ein Gemisch aus verschiedenen Chemikalien, die ein klebriges, harziges Material bilden. Zigarettenteer ist berüchtigt dafür, Finger und Zähne von starken Konsumenten zu verfärben, doch Marihuana-Teer ist chemisch ähnlich – und in manchen Fällen aufgrund der Öle in der Pflanze sogar dichter. Beim Verbrennen von Marihuana gelangt dieser Teer in die Atemwege. Mit jedem Zug lagert er sich an den Schleimhäuten der Bronchien und Alveolen ab und haftet an den empfindlichen Strukturen, die für den Gasaustausch verantwortlich sind. Mit der Zeit verengt diese Ablagerung den Luftstrom, reizt die Lunge und erhöht das Risiko chronischer Erkrankungen.
Dr. London hatte während Operationen Lungen von Personen gesehen, die beteuerten, nie Zigaretten, sondern nur Marihuana geraucht zu haben. Die Verfärbungen und Ablagerungen im Brustkorb waren unverkennbar. Zwar glichen diese Lungen nicht denen von lebenslangen Tabakrauchern, doch die Unterschiede waren deutlich geringer als erwartet. Die Teerablagerungen des Marihuanas hinterließen ein Muster aus fleckenhaft verdunkeltem Gewebe und gereizten Bronchien, das deutlich machte, dass die Atemwege wiederholt erhitzten Partikeln ausgesetzt gewesen waren.

Ein weiterer besorgniserregender Bestandteil von Marihuana-Rauch sind die feinen Partikel, die in der erhitzten Luft schweben. Diese Partikel, viele davon mikroskopisch klein, dringen tief in die Lunge ein. Anders als größere Partikel, die der Körper durch Husten oder Schleim ausscheiden kann, setzen sich diese winzigen Fragmente in den Alveolen fest – den winzigen Lungenbläschen, die für den Sauerstofftransport ins Blut verantwortlich sind. Dort verursachen sie Entzündungen. Kurzfristig führt dies zu Husten oder Reizungen, die viele Konsumenten als normal empfinden. Langfristig kann die chronische Entzündung jedoch die Struktur der Lunge schädigen und zu Erkrankungen wie chronischer Bronchitis und verminderter Lungenkapazität beitragen.

Wenn über Giftstoffe im Marihuana-Rauch gesprochen wird, geht es oft um Karzinogene – die krebserregenden Chemikalien, die im Tabak allgemein bekannt sind. Vielen ist jedoch nicht bewusst, dass Marihuana-Rauch viele der gleichen Karzinogene enthält wie Zigarettenrauch, darunter Benzol, Toluol, Formaldehyd und polyzyklische aromatische Kohlenwasserstoffe (PAK). Diese Verbindungen sind nicht tabakspezifisch; sie entstehen als Nebenprodukte der Verbrennung organischer Stoffe. Ob man eine Zigarette, einen Joint oder sogar ein Stück Holz verbrennt – diese Chemikalien entstehen. Der Unterschied liegt in der Exposition: Beim direkten Inhalieren durch einen Joint oder eine Pfeife werden die Lungen einer konzentrierten Dosis dieser Karzinogene ausgesetzt.

Ein weit verbreiteter Irrglaube ist, dass Marihuana „saubereren“ Rauch als Tabak erzeugt, weil es keine Zusatzstoffe enthält. Zusatzstoffe sind jedoch nicht die Hauptquelle krebserregender Stoffe im Zigarettenrauch. Diese entstehen durch den Verbrennungsprozess selbst. Nicht die dem Produkt zugesetzten Chemikalien, sondern die Verbrennung selbst erzeugt Giftstoffe. Selbst wenn eine Pflanze nach sorgfältigsten ökologischen Anbaumethoden kultiviert wird, enthält ihr Rauch nach der Verbrennung schädliche Nebenprodukte.
Dr. London behandelte einmal einen Patienten, der felsenfest davon überzeugt war, seine Lunge sei geschützt, weil er sein Marihuana selbst anbaute. Stolz erzählte er, wie er auf Pestizide, Düngemittel und Zusatzstoffe verzichtete. Doch als die Untersuchungen deutliche Entzündungen und erste Anzeichen von Atemwegsschäden zeigten, war sein Unglaube deutlich spürbar. Er beharrte darauf, sein Rauch könne nicht schädlich sein, da er ihn selbst sorgfältig produziert habe. Als Dr. London ihm erklärte, dass das Feuer selbst die Quelle der Giftstoffe sei – nicht der Anbauprozess –, saß der Patient schweigend da und verarbeitete eine Wahrheit, die er jahrelang nicht wahrhaben wollte.

Marihuana produziert bei der Verbrennung auch Verbindungen wie Ammoniak und Cyanwasserstoff. Diese Chemikalien reizen Augen, Rachen und Atemwege und tragen so zu dem brennenden Gefühl bei, das viele Konsumenten verspüren. Der darauf folgende Husten wird oft als normaler Bestandteil des Konsums interpretiert und von manchen sogar als Zeichen eines starken Rausches gefeiert. Dabei ist Husten ein Schutzmechanismus. Er signalisiert, dass die Lunge angegriffen wird und verzweifelt versucht, schädliche Substanzen auszuscheiden.

Je tiefer man einatmet, desto länger verbleibt der Rauch in der Lunge. Vielen Konsumenten wurde fälschlicherweise beigebracht, dass diese Technik die Wirkung von THC verstärkt. Tatsächlich wird THC innerhalb der ersten Sekunden aufgenommen. Das Halten des Rauchs erhöht lediglich die Belastung mit Teer und anderen Schadstoffen, wodurch diese tiefer in das Lungengewebe eindringen können. Diese Praxis steigert auch die Kohlenmonoxidaufnahme, einem weiteren gefährlichen Bestandteil von Marihuana-Rauch. Kohlenmonoxid bindet sich stärker an Hämoglobin als Sauerstoff und verringert so die Sauerstoffversorgung des Gewebes. Langfristig kann dies zu Müdigkeit, verminderter Leistungsfähigkeit und chronischer Herz-Kreislauf-Belastung führen.

Neben der chemischen Zusammensetzung birgt die Temperatur des Marihuana-Rauchs ein weiteres Risiko. Die bei der Verbrennung entstehende Hitze ist so intensiv, dass sie die Zellen der Atemwegsschleimhaut schädigen kann. Diese Zellen sind von Natur aus empfindlich und sorgen dafür, dass Sauerstoff ungehindert ins Blut gelangt. Wiederholte Einwirkung hoher Temperaturen führt zu ihrem Absterben oder zu Funktionsstörungen. In manchen Fällen versuchen die Atemwege, sich durch vermehrte Schleimproduktion oder Verdickung der Schleimhaut zu schützen – ein Prozess, der letztendlich den Luftstrom behindert und die Lungenfunktion beeinträchtigt.

Eine weitere, oft übersehene Quelle für Giftstoffe im Marihuana-Rauch ist der Anbauprozess selbst, selbst bei Pflanzen mit Bio-Siegel. Obwohl viele Anbauer auf Reinheit achten, kann es über Boden, Luft und Wasser zu Verunreinigungen kommen. Schwermetalle wie Blei, Arsen und Cadmium wurden in Marihuana-Pflanzen nachgewiesen, die aus kontaminiertem Boden oder Düngemitteln aufgenommen wurden. Beim Verbrennen der Pflanze verdampfen diese Metalle und gelangen in den eingeatmeten Rauch. Sie reichern sich dann in Lunge und Blutkreislauf an und tragen so zu langfristigen Vergiftungen bei. Dr. London erinnerte sich an Fälle, in denen Patienten erhöhte Schwermetallwerte im Blut aufwiesen, obwohl sie nie Zigaretten geraucht oder in der Nähe von Industriegebieten mit hoher Schadstoffbelastung gelebt hatten. In mehreren Fällen war Marihuana die einzig plausible Quelle.

Darüber hinaus sind Schimmelpilze in gelagertem Marihuana häufig, insbesondere bei unsachgemäßer Trocknung oder Lagerung in feuchter Umgebung. Verbrennender Schimmel neutralisiert seine Sporen nicht; stattdessen werden zusätzliche Reizstoffe in den Rauch freigesetzt. Das Einatmen dieser Sporen kann zu Atemwegsinfektionen, schweren allergischen Reaktionen und in seltenen Fällen zu schwer behandelbaren Pilzinfektionen führen. Obwohl diese Risiken häufiger bei Konsumenten mit geschwächtem Immunsystem auftreten, stellen sie eine Gefahr für jeden dar, der kontaminierten Rauch einatmet.

Auch das Dampfen, das oft als sicherere Alternative gilt, beseitigt die meisten dieser Risiken nicht. Zwar findet beim Dampfen keine Verbrennung statt, doch werden die Öle so stark erhitzt, dass ultrafeine Partikel und flüchtige organische Verbindungen freigesetzt werden. Die Konzentration mag sich von der im Rauch unterscheiden, aber das Grundproblem bleibt bestehen: Das Einatmen von Partikeln und Chemikalien birgt Risiken, für die das Atmungssystem nicht ausgelegt ist. Dr. London beobachtete Lungenschäden durch das Dampfen, ähnlich wie durch Rauchen, wenngleich die Muster unterschiedlich waren. In beiden Fällen glaubten die Konsumenten, die Methoden seien sicher, da sie keine Verbrennung beinhalteten.

Ein weiterer wichtiger Aspekt von Marihuana-Rauch ist, dass er Cannabinoide enthält, die über das Gehirn hinaus mit dem Körper interagieren. Diese Verbindungen können die Immunabwehr in der Lunge schwächen und so die Bekämpfung von Infektionen erschweren. Die winzigen Härchen, die die Atemwege auskleiden – die sogenannten Zilien – fungieren als Reinigungssystem der Lunge. Sie bewegen sich rhythmisch und entfernen Staub, Ablagerungen und Mikroorganismen. Durch den Kontakt mit Rauch werden diese Zilien gelähmt. In diesem vorübergehenden Zustand verlieren die Lungen ihre Selbstreinigungsfähigkeit. Wiederholter Kontakt verlängert diese Lähmung, wodurch sich Giftstoffe und Krankheitserreger tiefer in den Atemwegen festsetzen können. Über Monate und Jahre trägt dies zu chronischen Entzündungen bei und erhöht das Risiko für Atemwegserkrankungen.

Die Annahme, Marihuana-Rauch sei aufgrund der anderen Pflanze grundsätzlich sicherer als Tabakrauch, beruht eher auf kulturellen Vorstellungen als auf wissenschaftlichen Erkenntnissen. Die bei der Verbrennung organischer Materialien entstehenden Chemikalien unterscheiden nicht zwischen den Arten. Sie verhalten sich nach chemischen Gesetzen, nicht nach gesellschaftlichen Überzeugungen. Dr. London hatte oft darüber nachgedacht, wie anders Menschen mit Marihuana umgehen würden, wenn sie verstünden, dass die von ihm beobachteten Lungenschäden auf das Einatmen derselben Substanzen zurückzuführen sind, die sie in fast jedem anderen Kontext meiden würden – Teer, Karzinogene, Kohlenmonoxid, Schwermetalle und flüchtige organische Verbindungen.

Die Lunge mit ihren empfindlichen Membranen und komplexen Atemwegen ist nicht dafür geschaffen, Rauch jeglicher Art zu filtern. Ihre Aufgabe ist der Austausch von Sauerstoff und Kohlendioxid, nicht die Verarbeitung von Verbrennungsrückständen. Jeder Atemzug zwingt sie, mit Chemikalien umzugehen, die sie nicht neutralisieren können. Jeder Zug verursacht mikroskopische Schäden, die sich mit der Zeit verstärken.

Was Marihuana-Rauch enthält, ist kein Geheimnis, das in medizinischen Fachzeitschriften verborgen liegt. Es ist das vorhersehbare Ergebnis der Verbrennung von Pflanzenmaterial. Die Giftstoffe verschwinden nicht einfach, nur weil die Pflanze ohne Chemikalien angebaut wurde. Der Teer löst sich nicht auf, weil der Konsument den Konsum für harmlos hält. Die krebserregenden Stoffe verschwinden nicht, weil Marihuana in der Gesellschaft als natürlich gilt. Feuer wandelt organisches Material in Substanzen um, die die Lunge nicht gefahrlos verarbeiten kann.

Zu verstehen, was Marihuana-Rauch enthält, bedeutet im Kern, die Realität anzuerkennen, anstatt sich von der Wahrnehmung täuschen zu lassen. Es bedeutet zu erkennen, dass eine natürliche Pflanze, einmal verbrannt, unnatürliche Folgen im menschlichen Körper hat. Und es bedeutet zu begreifen, dass weder Marketing, Kultur noch persönliche Überzeugungen die Chemie der Verbrennung beeinflussen können.

Kapitel 10 – Geschwärzte Lungen: Was Chirurgen bei häufigen Marihuana-Konsumenten feststellen

Der Operationssaal hat die Gabe, Illusionen zu zerstören. Außerhalb der Krankenhausmauern klammern sich die Menschen an Überzeugungen – manche kulturell bedingt, manche generationenbedingt, manche genährt von Marketing oder Wunschdenken. Im OP-Saal jedoch offenbart sich die Wahrheit unmissverständlich. Chirurgen lernen schnell, dass der Körper nicht lügt. Er offenbart jede Gewohnheit, jede inhalierte Substanz, jede Lebensstilentscheidung, die sich über die Jahre unbemerkt angesammelt hat. Dr. Jeremy London erinnerte sich oft daran, dass, egal wie überzeugt jemand auch behauptete, Marihuana-Rauch sei harmlos, die Lunge, die er öffnete, eine ganz andere Geschichte erzählte. Wenn er über einem offenen Brustkorb stand, lag der Beweis direkt vor ihm – deutlich, unbestreitbar und oft schockierend selbst für Patienten, die glaubten, „gesunde" Entscheidungen getroffen zu haben.

Über fünfundzwanzig Jahre lang hatte er ein Muster beobachtet. Es begann mit einzelnen Fällen, die ungewöhnlich, ja anfangs sogar überraschend wirkten. Ein junger Mann Anfang vierzig, der noch nie geraucht hatte, aber schweißgebadet und mit einem stechenden Schmerz in der Brust, der bis in den linken Arm ausstrahlte, in die Notaufnahme kam. Eine Frau Anfang fünfzig, die schon nach geringster Anstrengung Atemnot bekam, obwohl sie angab, einen „natürlichen Lebensstil" zu pflegen und auf verarbeitete Lebensmittel, Alkohol und Tabak zu verzichten. Ein schlanker, sportlicher Student, der während seines morgendlichen Joggens zusammenbrach und alle ratlos zurückließ, als die Bildgebung schwere Herzkranzgefäßverengungen zeigte, wie sie typischerweise bei doppelt so alten Menschen vorkommen. Ihre Geschichten unterschieden sich stark, aber ein Detail verband sie: regelmäßiger Marihuanakonsum.

Viele dieser Patienten waren ihr Leben lang überzeugt gewesen, dass Marihuana die sicherere, die organische Alternative, der harmlose Rauch sei. Zahlreiche Gespräche spiegelten diese Ansicht wider – Sätze wie „Es ist natürlich“, „Es ist nur eine Pflanze“ oder „Es ist nicht wie Zigaretten“ kursierten mit einer gewissen kulturellen Gewissheit. Doch als Dr. London ihre Brusthöhlen öffnete und das Gewebe, das sie am Leben erhielt, direkt untersuchte, stellte das, was er fand, diese Annahmen immer wieder in Frage. Die Lungen, die einst rosa und schwammig sein sollten, wiesen tiefe Rußablagerungen in den Gewebefalten auf. Schwarze Streifen verzweigten sich in feinen Mustern nach außen und zeugten von jahrelangem Rauchkonsum. Diese Lungen unterschieden sich oft nicht von denen lebenslanger Zigarettenraucher, manchmal sogar noch stärker.

Er erinnerte sich besonders gut an einen Patienten, einen 45-Jährigen, der mit zunehmender Atemnot und Brustschmerzen in die Praxis kam. Der Patient betonte, er lebe „gesund“, und auf die Frage nach dem Rauchen antwortete er selbstsicher, er habe noch nie eine Zigarette angerührt. Erst nach weiterem Nachfragen gab er zu, jeden Abend Marihuana zu konsumieren, um sich zu entspannen, am Wochenende manchmal auch mehr. Er beschrieb es beiläufig, als wäre es völlig bedeutungslos. Alle in seinem Freundeskreis konsumierten es. Es fühlte sich für ihn so normal an wie für andere ein Glas Wein am Abend. Er glaubte sogar, es schütze ihn vor den schädlichen Auswirkungen des Tabaks, denn, wie er erklärte, Marihuana sei ja „nur ein Kraut“.

Im OP-Saal, als sein Brustbein geöffnet und die Lunge sichtbar wurde, widersprach der Anblick all seinen Erwartungen. Statt der zartrosa Oberfläche, die sich ein Chirurg erhofft, war seine Lunge kohlegrau verfärbt. Bei Berührung stiegen schwarze Partikel wie eine feine Staubwolke auf, kaum wahrnehmbar, aber unverkennbar vorhanden. Das Gewebe klebte zusammen, klebrig wie Teer. Die Arterien, die das Herz versorgten, wiesen so dicke Ablagerungen auf, dass kaum noch Blut fließen konnte. Dies machte eine Bypass-Operation notwendig – ein Eingriff, der normalerweise älteren Patienten mit jahrzehntelangem Herzrisiko vorbehalten ist. Das OP-Team arbeitete zügig, doch selbst für erfahrene Fachleute hinterließ der visuelle Kontrast zwischen der Selbstwahrnehmung des Patienten und dem Zustand seines Brustkorbs einen bleibenden Eindruck.

Fälle wie seiner wiederholten sich immer wieder. Manchmal wirkten diese Personen körperlich fit, ja sogar muskulös. Oftmals nahmen sie an, ihre Jugend oder ihre gesunde Ernährung schützten sie vor Risiken. Doch der Marihuana-Rauch hatte sich unbemerkt in ihre Atemwege eingeschlichen und eine Spur der Verwüstung hinterlassen, die beim Öffnen des Brustkorbs mit bloßem Auge sichtbar war. Verbrannte organische Substanzen, unabhängig von ihrer Herkunft, hinterließen Partikelrückstände, die die Bronchien bedeckten, sich tief in den Alveolen ablagerten und Gewebe verdunkelten, die ausschließlich mit Sauerstoff in Berührung kommen sollten. Dr. London sagte oft, dass es den Lungen egal sei, ob der Rauch von einer selbstgedrehten Zigarette oder einer selbst angebauten Cannabisblüte stamme. Rauch bleibt Rauch.

Er hatte auch die Enttäuschung und Verwirrung der Familien gesehen, die vor dem Operationssaal warteten. Viele Angehörige hatten fest daran geglaubt, Marihuana sei harmlos. Als sie erfuhren, dass ihr Lieber notfallmäßige Eingriffe benötigte, die üblicherweise mit langjährigem Tabakkonsum einhergehen, reagierten sie oft ungläubig. Eine Ehefrau fragte einmal, warum die Lunge ihres Mannes als „fast schwarz" beschrieben werde, da er noch nie in seinem Leben eine Zigarette geraucht habe. Sie wiederholte es mehrmals, als ob sie hoffte, die Information würde sich bis zum Ende des Satzes ändern. Ihre Verwirrung wich einem fassungslosen Schweigen, als der Chirurg erklärte, dass regelmäßiges Inhalieren von Marihuana, insbesondere über viele Jahre hinweg, genügend Teer, Karzinogene und mikroskopisch kleine Aschepartikel enthalte, um das Lungengewebe dramatisch zu verändern.

Einige Fälle waren extremer und deuteten auf chronischen und starken Marihuanakonsum hin, der zu einem erschreckend fortgeschrittenen Organverfall geführt hatte. Ein Mann Anfang fünfzig kam mit heftigen Brustschmerzen in die Klinik, die sich rapide verschlimmerten; innerhalb von zwanzig Minuten war er blass, schweißgebadet und kaum noch bei Bewusstsein. Bildgebende Verfahren zeigten mehrere Verengungen der Herzkranzgefäße, und eine sofortige Operation war unumgänglich. Während des Eingriffs stellte Dr. London fest, dass die Lunge des Patienten nicht nur dunkel, sondern im Bereich des Lungenhilus fast kohlschwarz verfärbt war. Die Herzkranzgefäße wiesen einen Verkalkungsgrad auf, der normalerweise Jahrzehnte zur Entwicklung benötigt. Das OP-Team hatte große Schwierigkeiten, die verhärteten Gefäße zu umgehen. Nach dem Eingriff, als der Patient stabil war, sprach der Chirurg mit der Familie und erfuhr, dass der Patient seit dem College täglich Marihuana konsumiert hatte. Die Familie war schockiert und beteuerte, dass er abgesehen von dieser einen Angewohnheit einen gesunden Lebensstil geführt habe. Für den Chirurgen hingegen war der Zusammenhang längst vorhersehbar gewesen.

In über zwei Jahrzehnten Herz- und Lungenchirurgie hatte Dr. London ein charakteristisches Erscheinungsbild von Lungen erkannt, die jahrelang Marihuana-Rauch ausgesetzt waren. Er beobachtete, wie sich der Ruß bei manchen Patienten ungleichmäßig ablagerte und Stellen bildete, an denen sich Teer stärker an den Oberlappen festsetzte, möglicherweise aufgrund ihres Inhalationsmusters. Er sah geschädigte und gedehnte Alveolen, frühe Anzeichen eines Emphysems bei Menschen, die für solche strukturellen Veränderungen viel zu jung waren. Die Zellauskleidungen zeigten häufig Reizungen, die auf eine chronische Entzündungsreaktion hindeuteten. In manchen Fällen fühlte sich das Lungengewebe dichter und weniger elastisch an, als wäre es durch die wiederholte Einwirkung von heißem Rauch versteift. Diese für das geschulte Auge sichtbaren Details zeichneten ein Bild, das weit entfernt war vom Mythos des harmlosen „organischen" Rauchs.

Eine der erschreckendsten Entdeckungen betraf Patienten, die sowohl Marihuana als auch Tabak konsumierten, in der Annahme, das Marihuana mildere die schädlichen Auswirkungen der Zigaretten. Ihre Lungen wiesen oft zweifache Schäden auf: die erwartbaren Teerablagerungen des Tabaks und die harzigen, klebrigen Rückstände des Marihuanas. Diese Kombination führte zu Lungengewebe, das sich nur schwer ausdehnen konnte. Chirurgische Instrumente stießen beim Spreizen der Rippen mitunter auf Widerstand, da die chronische Entzündung die Lunge leicht mit der Brustwand verklebt hatte. In solchen Fällen hallte selbst das Geräusch des sich trennenden Gewebes schwer und endgültig durch den Raum – eine Erinnerung an jahrelange, schleichende Schädigung.

Junge Patienten fielen aus einem anderen Grund auf. Viele von ihnen zögerten, Marihuanakonsum zuzugeben, aus Angst vor Verurteilung oder weil sie ihn für irrelevant hielten. Dr. London erinnerte sich an einen 28-jährigen Mann, der nach einem Zusammenbruch am Arbeitsplatz eingeliefert wurde. Seine Freunde beteuerten, er sei gesund, sportlich und führe einen gesundheitsbewussten Lebensstil. Während der Operation entdeckte der Chirurg überraschende Ablagerungen in seiner Lunge: schwarze Partikelansammlungen tief im Gewebe. Seine Arterien wiesen Plaquebildungen auf, wie sie eher bei einem Vierzigjährigen vorkommen. Als die Familie anschließend informiert wurde, reagierte sie fassungslos und beharrte wiederholt darauf, dass er nur „natürliches Gras“ konsumiert habe. Doch die Befunde in seiner Brust erzählten eine Geschichte, die jeder Annahme widersprach.

Diese Erfahrungen sammelten sich über die Jahre an und bestärkten eine Wahrheit, die nur wenige außerhalb der Medizin vollständig verstehen. Viele der von Dr. London behandelten Cannabiskonsumenten hatten sich nie als „Raucher“ betrachtet. Sie vermieden diese Bezeichnung bewusst und brachten sie ausschließlich mit Tabak in Verbindung. Diese psychologische Trennung verblendete sie für die Realität, dass sie dennoch verbranntes Material inhalierten – dichten, heißen, chemikalienhaltigen Rauch, der Teer, Karzinogene und Feinstaub in die empfindlichen Atemwege transportierte. Die menschliche Lunge, die über Millionen von Jahren allein für den Sauerstoffaustausch optimiert wurde, besitzt keinen eingebauten Mechanismus, um verbrannte Pflanzenreste zu filtern oder zu neutralisieren. Jeder Atemzug verursachte Mikroverletzungen, deren Anhäufung sich schließlich in dem Gewebe manifestierte, das ein Chirurg untersuchte.

Im Laufe seiner Karriere hörte Dr. London in Operationssälen selten Gespräche unter Chirurgen, die behaupteten, die Lunge von Marihuana-Patienten sähe sauber oder unversehrt aus. Unter denjenigen, die täglich im Brustkorb arbeiteten, herrschte eine ganz andere Meinung als in der Öffentlichkeit. Chirurgen, Anästhesisten, Pneumologen – also diejenigen, die direkt mit den Organsystemen arbeiteten – waren sich einig, dass Marihuana-Rauch sichtbare Schäden verursachte und sich die Auswirkungen oft früher zeigten als erwartet.

Ein besonders einprägsamer Fall betraf einen Mann Anfang vierzig, der während der gesamten Beratung immer wieder betonte, Marihuana habe ihm geholfen, „ruhig zu bleiben“, „Stress abzubauen“ und „Alkohol zu meiden“. Er sah es als Schutzmechanismus, der sein psychisches Wohlbefinden förderte. Doch als er plötzlich einen Herzinfarkt erlitt, stellte das Notarztteam fest, dass er an einer schweren koronaren Herzkrankheit litt. Während der Operation zeigte sich in mehreren Bereichen seiner Lunge, insbesondere in der Nähe der Oberlappen, eine tiefschwarze Ablagerung. Während Dr. London die Gefäße nähte und transplantierte, um die Durchblutung wiederherzustellen, dachte er darüber nach, wie oft persönliche Erzählungen der biologischen Realität widersprechen. Der Patient erholte sich, doch diese Erfahrung veränderte sein Verständnis der Wirkung von Marihuana nachhaltig.

Ein anderer Patient, ein Universitätsprofessor in seinen Sechzigern, hatte jahrzehntelang gelegentlich Marihuana geraucht, da er es für unbedenklich hielt, weil er nie süchtig geworden war oder es übermäßig konsumiert hatte. Er überstand eine komplizierte Bypass-Operation, und als ihm das OP-Team anschließend den Zustand seiner Lunge erklärte, hörte er fassungslos zu. Er erzählte, dass er an frühen kulturellen Bewegungen beteiligt gewesen war, die sich für den Konsum von Marihuana einsetzten, da er es für viel schonender für den Körper hielt als Tabak oder Alkohol. Die Informationen, die er während seiner Genesung erhielt, stellten Überzeugungen infrage, die er über vierzig Jahre lang gehegt hatte. Wie er später mit gedämpfter Stimme sagte, wünschte er, man hätte ihm seine Lunge viel früher gezeigt.

Geschichten wie diese bestärkten Dr. London in seinem Entschluss, öffentlich zu sprechen und andere aufzuklären. Die Kluft zwischen seinen chirurgischen Befunden und der öffentlichen Meinung vergrößerte sich von Jahr zu Jahr. Soziale Medien förderten die Vorstellung, Marihuana sei eine völlig ungefährliche Alternative, und Legalisierungskampagnen spielten die Risiken des Rauchens oft herunter. Die von ihm operierten Lungen hingegen zeichneten ein eindeutiges Bild: Wiederholter Marihuanakonsum hinterließ Spuren, beeinträchtigte die Lungenfunktion und trug zu Verstopfungen bei, die lebensbedrohliche Herzereignisse auslösten.

Der Widerspruch zwischen kultureller Wahrnehmung und medizinischer Realität beunruhigte ihn zutiefst. Chirurgen diskutieren während Operationen nicht über medizinische Mythen; sie konzentrieren sich darauf, das Vorhandene zu reparieren. Doch mit den Jahren und der Zunahme der Fälle wuchs in ihm ein Gefühl der Dringlichkeit. Zu viele Menschen vertrauten einer Illusion. Zu viele glaubten, Marihuana sei harmlos, weil es natürlich sei. Und zu viele waren schockiert – manchmal mit tödlichem Ausgang –, als die Folgen sichtbar wurden.

Nicht jeder Marihuana-Konsument erleidet die gleichen Schäden, doch das Muster war unverkennbar. Mit der Zeit veränderte der Rauch die Lunge, indem er Ablagerungen bildete, Atemwege verstopfte und zur Plaquebildung in den Arterien beitrug. Dies waren keine abstrakten Risiken, die sich hinter Statistiken verbargen. Es waren greifbare Realitäten, die Dr. London in seinen behandschuhten Händen hielt, beleuchtet vom Licht der OP-Lampen, während er daran arbeitete, Leben zu retten, die viel früher hätten geschützt werden können.

Die geschwärzten Lungen, die er sah, waren stumme Zeugen. Sie offenbarten eine Wahrheit, die in der Öffentlichkeit selten Beachtung fand. Sie zeigten, dass das Label „Bio" den Rauch nicht von seiner Schädlichkeit befreit. Sie bewiesen, dass der Glaube an die Unbedenklichkeit etwas nicht automatisch sicher macht. Und sie bekräftigten eine entscheidende Botschaft, die er den Lesern mitgeben wollte: Die Lunge speichert alles Eingeatmete und enthüllt mit der Zeit die Wahrheit – selbst wenn die Betroffenen nie bemerkten, wie sich der Schaden Atemzug für Atemzug vergrößerte.

Kapitel 11 – Chronische Bronchitis, Schädigung der Atemwege und der Marihuana-Husten

Das erste Anzeichen einer Lungenerkrankung ist selten dramatisch. Es beginnt in der Regel nicht mit einem Atemwegskollaps, plötzlicher Atemnot oder einem Notfallbesuch. Häufiger äußert sich die erste Warnung in Form einer kleinen Reizung – ein gelegentlicher Husten, der zur Gewohnheit wird, etwas Schleim, der jeden Morgen auftritt, ein pfeifendes Geräusch, das als harmlose Trockenheit oder Müdigkeit abgetan wird. Jahrelang beobachtete Dr. London, wie Marihuana-Konsumenten diese frühen Symptome ignorierten und fest davon überzeugt waren, sie seien harmlos oder vorübergehend. Manche Patienten bestanden darauf, ihr Husten sei auf kalte Luft, Allergien oder Dehydrierung zurückzuführen. Andere behaupteten, er trete nur auf, wenn sie „zu stark gezogen" hätten. Nur wenige erkannten, dass sie die Anfänge einer chronischen Bronchitis erlebten, einer Erkrankung, die sich unbemerkt entwickelt und sich in der Lunge manifestiert, lange bevor eine Diagnose gestellt wird.

Dr. London erkannte das unverkennbare Geräusch des Marihuana-Hustens schon vor der ersten Untersuchung. Er hatte einen charakteristischen Rhythmus, einen tiefen, rasselnden Ton, verursacht durch hartnäckigen Schleim in den Atemwegen. Viele Patienten, die seine Praxis betraten, trugen diesen Husten unwissentlich mit sich herum. Wenn sie sich setzten und ihre Beschwerden schilderten, hörte er oft das verräterische Räuspern, den Versuch, den über Nacht in der Brust angesammelten Schleim loszuwerden. Manche lachten es weg und nannten es „die Morgenroutine". Andere winkten ab und bezeichneten es als eine kleine Unannehmlichkeit. Doch hinter dieser gelassenen Haltung verbargen sich jahrelange Reizungen, Entzündungen und Zellveränderungen durch wiederholten Kontakt mit heißem Rauch.

Einer der ersten Fälle, der ihm in Erinnerung geblieben ist, betraf eine junge Frau Ende zwanzig namens Lila. Sie kam in die Klinik und klagte über Müdigkeit und Atemnot, obwohl sie betonte, ansonsten gesund zu sein. Sie erzählte, sie lebe gesund, treibe regelmäßig Sport und verzichte komplett auf Tabak. Doch während sie sprach, musste sie immer wieder husten und presste sich verlegen ein Taschentuch vor den Mund. Auf die Frage, wie lange sie diese Symptome schon habe, gab sie zu, dass der Husten seit fast drei Jahren bestehe. Sie hatte einfach angenommen, es sei „normal" für jemanden, der täglich Marihuana konsumiere. Wie viele andere glaubte auch sie, dass Husten dazugehöre – eine lästige Begleiterscheinung und kein Warnsignal.

Ihre Lungenfunktionsprüfung ergab frühe Anzeichen einer obstruktiven Atemwegserkrankung. Bei der Bronchoskopie zeigte die Kamera gerötete, geschwollene Atemwege, an deren Wänden Schleimstreifen hafteten. Das Gewebe erschien verdickt, die glatte Schleimhaut war durch gereizte Stellen ersetzt, die auf wiederholte Traumata hindeuteten. Sie war schockiert, als sie erfuhr, dass sie in so jungen Jahren bereits an den Anfängen einer chronischen Bronchitis litt.

Geschichten wie ihre wiederholten sich so häufig, dass sie ein Muster zu bilden schienen. Dr. London beobachtete, wie unzählige Marihuana-Konsumenten ihre Symptome als normal ansahen. Sie husteten beim Training und taten es als Scherz ab. Jeden Morgen wachten sie mit verschleimter Brust auf und nahmen an, ihr Körper würde „Giftstoffe ausscheiden". Viele glaubten, die Reizung sei vorübergehend und verschlimmere sich nicht, ohne zu ahnen, dass sie in Wirklichkeit über Jahre hinweg strukturelle Schäden an den Atemwegen erlitten hatten.

Die Hitze des Rauchs spielte eine entscheidende Rolle. Marihuana verbrennt bei hohen Temperaturen, und der eingeatmete Rauch dringt mit jedem Zug tief in die Bronchien und Bronchiolen ein. Anders als die kühle, gefilterte Luft, für deren Verarbeitung die Lunge ausgelegt ist, traf dieser heiße, partikelreiche Rauch die Atemwegsschleimhaut jedes Mal wie Schmirgelpapier. Der Körper reagierte mit einer Entzündungsreaktion, um sich zu schützen. Blutgefäße erweiterten sich, Gewebe schwollen an, und die Schleimproduktion stieg drastisch an, um Fremdpartikel abzufangen, bevor diese die Alveolen erreichen konnten. Doch als sich dieser Zyklus Tag für Tag wiederholte, wurde der Schutzprozess krankhaft. Die Atemwege verdickten sich, Narbengewebe bildete sich, und die Bronchialwände konnten sich nicht mehr so reibungslos ausdehnen und zusammenziehen. Was als Schutzmechanismus begann, entwickelte sich langsam zu einer chronischen Erkrankung.
Manche Patienten beteuerten, nie Atemnot verspürt zu haben, doch Dr. London wusste, dass viele die Symptome einfach nicht erkannten. Sie passten ihre Aktivitäten an, stiegen langsamer Treppen oder vermieden anstrengende körperliche Betätigung, ohne sich bewusst zu machen, warum. Andere interpretierten das Keuchen als harmloses Geräusch und nicht als Zeichen dafür, dass die Luft nur schwer durch verengte Atemwege strömte. Auf die Frage, wie oft sie husteten, antworteten viele unsicher, weil sie sich nicht mehr an eine Zeit erinnern konnten, in der sie nicht husteten. Für sie war das Husten zu einem Teil ihrer Identität geworden, unmerklich in ihren Alltag integriert.

Ein besonders einschneidender Fall verdeutlichte, wie Verleugnung die Ernsthaftigkeit von Symptomen verschleiern kann. Ein Mann Mitte dreißig namens Victor kam zu einer Routineuntersuchung, nachdem er anhaltende Engegefühle in der Brust bemerkt hatte. Er konsumierte seit dem Studium Marihuana und drehte täglich mehrere Joints. Er beharrte darauf, sein Husten sei normal, da „jeder, den ich kenne und der raucht, das Gleiche hat". Während er sprach, unterbrach er sich immer wieder mit Hustenanfällen, die durch den Untersuchungsraum hallten. Auf die Frage, ob er Schleim produziere, antwortete er beiläufig, er spucke jeden Morgen ins Waschbecken und nahm an, es sei eine einfache Reaktion auf die trockene Luft. Doch eine Bildgebung zeigte eine Verdickung und Entzündung seiner Atemwege, die auf eine chronische Bronchitis hindeuteten. Seine Lungenkapazität war fast 20 Prozent geringer als für sein Alter zu erwarten. Diese Erkenntnis überraschte ihn, obwohl die Anzeichen schon seit Jahren vorhanden waren.

Dr. London verbrachte unzählige Stunden damit, Patienten zu erklären, dass die Lunge nicht zwischen verschiedenen Rauchquellen unterscheidet. Sie reagiert auf alles, was in sie gelangt. Bei wiederholter Einwirkung heißer, partikelreicher Luft reagiert das Gewebe mit einer Entzündung. Mit der Zeit führt dies zu einer Umstrukturierung der Atemwege – einem Prozess, bei dem sich Form und Dicke der Bronchien verändern. Die glatte Muskulatur versteift sich, wodurch sich die Lunge nicht mehr vollständig ausdehnen kann. Die Schleimdrüsen vergrößern sich und produzieren mehr Schleim, als der Körper problemlos abbauen kann. Jeder Atemzug wird etwas weniger effizient. Jeder Atemzug transportiert etwas weniger Sauerstoff. Und mit jedem Jahr nimmt die Regenerationsfähigkeit ab.

Manche Patienten fragten, ob der Gebrauch einer Bong, Pfeife oder eines Vaporizers sie schützen würde. Sie glaubten, diese Geräte würden Schadstoffe herausfiltern. Doch die Wahrheit blieb: Verbranntes Pflanzenmaterial erzeugte, unabhängig von der Konsumform, dieselben reizenden Nebenprodukte: Teer, Kohlenmonoxid, Ammoniak, Stickoxide und mikroskopisch kleine Partikel, die sich tief in den Atemwegen festsetzten. Der darauf folgende Husten war der Versuch des Körpers, diese Eindringlinge auszustoßen. Doch mit zunehmender Entzündung wurde der Husten weniger effektiv und chronisch.

Dr. London erinnerte sich an einen Patienten, der durch seinen Irrglauben auffiel, teure Ausrüstung würde seine Lunge schützen. Der 32-jährige Softwareentwickler bezeichnete sich selbst als „Kenner von Premium-Sorten". Er investierte in hochwertige Glaswaren und war stolz darauf, ausschließlich „reines, hochwertiges" Cannabis zu verwenden. Er kam in die Klinik, weil seine Partnerin ihn dringend zu einer Untersuchung drängte, nachdem sie ihn nachts pfeifend hatte atmen hören. Er tat seine Symptome ab und meinte, das Pfeifen sei „nur eine Folge der starken Sorte". Während der Untersuchung räusperte er sich fast ständig, und Lungenfunktionstests ergaben eine leichte obstruktive Lungenerkrankung. Als ihm die Ergebnisse gezeigt wurden, war er fassungslos und bemerkte, er habe geglaubt, „natürliches Cannabis" könne seinen Lungen unmöglich schaden. Doch seine Atemwege erzählten eine andere Geschichte – eine Geschichte von wiederholter Reizung und chronischer Entzündung.

Dr. London begegnete auch Personen, die eine Überempfindlichkeit der Atemwege entwickelten – eine Erkrankung, bei der die Atemwege stark auf geringfügige Reize wie kalte Luft oder körperliche Anstrengung reagieren. Viele Marihuana-Konsumenten berichteten von einem Engegefühl in der Brust beim Joggen oder Treppensteigen an einem kalten Morgen. Einige beschrieben Hustenanfälle, die so heftig waren, dass sie kurzzeitig keine Luft mehr bekamen. Diese Anfälle ängstigten sie oft, doch sie rauchten weiter, da sie die Reizung für vorübergehend oder nicht damit zusammenhängend hielten. Mit der Zeit können sich diese Atemwegskrämpfe verschlimmern, insbesondere in Kombination mit chronischer Bronchitis.

Ein Patient, ein Musiker in seinen Vierzigern, konsumierte seit seiner Jugend Marihuana. Jahrzehntelang ignorierte er seine Symptome und führte seinen anhaltenden Husten auf „zu viel Singen" zurück. Als er nach einer beängstigenden Atemnot während eines Auftritts die Klinik aufsuchte, zeigte eine Bildgebung eine deutliche Verengung der Atemwege. Die Bronchoskopie ergab chronisch entzündete Bronchialwände, die sich im Laufe der Zeit verdickt hatten. Die Schleimdrüsen waren vergrößert und überaktiv, was zu einem ständigen Sekretfluss führte, den sein Körper nur schwer abtransportieren konnte. Er hörte schweigend zu, als ihm die Befunde erklärt wurden. Er gestand, dass er immer geglaubt hatte, Marihuana sei schonend für die Lunge und sich nie hätte vorstellen können, dass es dauerhafte Schäden verursachen könnte.

Im Laufe der Jahre gewöhnte sich Dr. London daran, immer wieder dieselben Annahmen zu hören. Viele Patienten glaubten, Marihuana verursache lediglich vorübergehende Reizungen, keine langfristigen Schäden. Sie bestanden darauf, es sei sicherer als Tabak, da es von einer natürlichen Pflanze stamme. Sie glaubten, Husten beim Rauchen sei einfach Teil des Rituals und kein Anzeichen für zugrundeliegende Schäden. Doch bei der Untersuchung hunderter Lungenbilder, Tests und Operationsbefunde erkannte er zunehmend Hinweise auf chronische Bronchitis bei regelmäßigen Konsumenten. Die Entzündung, die Verdickung und die Schleimbildung verschwanden nicht mit der Zeit. Sie verfestigten sich in der Lungenstruktur, reduzierten den Luftstrom und minderten die Lebensqualität.

In schweren Fällen erreichten die Patienten einen Punkt, an dem ihre Lunge den Schleim nicht mehr ohne Hilfe vollständig abtransportieren konnte. Einige benötigten Atemtherapie, Bronchodilatatoren oder Steroide. Andere quälten sich durch alltägliche Tätigkeiten, die ihnen einst mühelos gelungen waren, und gerieten selbst bei leichter Anstrengung in Atemnot. Der Marihuana-Husten, den sie einst als harmlos abgetan hatten, wurde zu einer ständigen Erinnerung an die Schädigung ihrer Atemwege.

Die kumulative Wirkung einer chronischen Bronchitis erhöhte auch die Anfälligkeit für Infektionen. Wenn sich Schleim in den Atemwegen ansammelte, bot er einen idealen Nährboden für Bakterien. Dr. London behandelte häufig Marihuana-Konsumenten mit wiederkehrenden Bronchitis-Infektionen, wobei jede Episode ihre ohnehin schon entzündeten Atemwege zusätzlich reizte. In einigen Fällen entwickelten diese Patienten leichter eine Lungenentzündung als für ihr Alter üblich. Ihre durch die chronische Entzündung geschwächten Lungen waren nicht in der Lage, neue Infektionen abzuwehren.

Am auffälligsten war jedoch, wie lange die Patienten warteten, bevor sie Hilfe suchten. Viele lebten jahrelang mit den Symptomen und redeten sie sich als normale Begleiterscheinungen ihres Rauchverhaltens schön. Sie glaubten, ihr junges Alter schütze sie. Sie glaubten, „jeder hustet beim Rauchen“. Sie glaubten, Marihuana-Rauch verhalte sich in der Lunge anders als Tabakrauch. Doch Dr. London erlebte Tag für Tag, wie diese Überzeugungen die Wahrheit verschleierten.

Die Lunge ist ein empfindliches Organ – ein weiches, rosafarbenes Gebilde, das für den einfachen Austausch von Sauerstoff und Kohlendioxid geschaffen ist. Sie war nie dafür gedacht, heißen Rauch, Teer oder mikroskopisch kleine Partikel zu filtern. Wenn Marihuana-Rauch eindringt, hinterlässt er Rückstände, die die Entzündung zwar zu bekämpfen versucht, aber letztendlich nicht beseitigen kann. Mit der Zeit schwellen die Schleimhäute der Atemwege an, verdicken sich und verändern sich. Der darauf folgende Husten ist keine harmlose Nebenwirkung; er ist der Hilferuf des Körpers nach Linderung.

Dr. London wünschte sich oft, er könnte seinen Patienten das Innere ihrer Atemwege so zeigen, wie es ein Chirurg sieht, wie es bildgebende Verfahren ermöglichen. Er glaubte, wenn sie die geschwollenen Bronchien, den hartnäckigen Schleim, die gereizten Zellen und die allmähliche Verengung der Atemwege sehen könnten, würden sie die Ernsthaftigkeit ihrer Symptome vielleicht schon lange vor dem Ausbruch einer chronischen Bronchitis erkennen. Doch die meisten Patienten erkennen die Wahrheit erst, wenn ihr Alltag spürbar beeinträchtigt ist – wenn Treppensteigen schwerer fällt, Hustenanfälle häufiger auftreten oder sie nach geringer Anstrengung Atemnot verspüren.

Im Laufe seiner jahrzehntelangen klinischen Praxis lernte er, dass chronische Bronchitis bei Marihuana-Konsumenten selten plötzlich auftritt. Stattdessen schleicht sie sich langsam ein, entwickelt sich über Jahre hinweg und verbirgt sich hinter dem Irrglauben, dass „natürlich gleichbedeutend mit sicher" sei. Sie nistet sich im Gewebe ein und verändert die Atemwege mit jedem Atemzug, jedem Husten, jedem morgendlichen Räuspern.

Während die Cannabis-Kultur weiterhin Entspannung, Kreativität und Ruhe feiert, tragen die Lungen still die Last und offenbaren ihre Geschichte durch Schleim, Entzündungen und verengte Atemwege. Letztendlich wird jeder Husten zu einer Botschaft, jedes Keuchen zu einer Warnung und jeder Atemzug zu einer Erinnerung daran, dass die Lungen den Folgen wiederholten Rauchkonsums – unabhängig von der Quelle – nicht entkommen können.

Kapitel 12 – Marihuana vs. Tabakrauch: Ähnlicher als du denkst

Jahrelang kursierte die Idee in lockeren Gesprächen, auf Studententreffen, in sozialen Medien und sogar in Wartezimmern von Arztpraxen: Marihuana-Rauch sei irgendwie sauberer, milder und sicherer als Tabakrauch. Es wurde wie eine unumstößliche Wahrheit verkündet, die mit der Überzeugung eines Volksglaubens von Konsument zu Konsument weitergegeben wurde. Man erklärte, es sei ja „nur eine Pflanze", ihr Rauch sei „natürlich" oder er könne die Lunge unmöglich so schädigen wie Zigaretten, da Tabak ja Zusatzstoffe und Chemikalien enthalte. Doch in Operationssälen und Diagnoselaboren zeigte sich ein ganz anderes Bild: Die Lungen regelmäßiger Marihuana-Konsumenten ähnelten erschreckend denen, die durch jahrzehntelangen Tabakkonsum geschädigt waren. Und aus wissenschaftlicher Sicht ist Verbrennung Verbrennung – sobald eine Pflanze verbrannt wird, folgt der entstehende Rauch vorhersehbaren chemischen Mustern, die sich kaum darum scheren, ob die Pflanze organisch, legal, für den Freizeitgebrauch oder rituell genutzt wurde.

Der Vergleich zwischen Marihuana- und Tabakrauch begann oft auf molekularer Ebene, wo jedes verbrennende Pflanzenmaterial ein Gemisch aus Giftstoffen erzeugt, darunter Teer, Karzinogene, polyzyklische aromatische Kohlenwasserstoffe, Kohlenmonoxid und Feinstaub. Im Rauch von Joints oder Zigaretten befanden sich Verbindungen, die sich an Lungengewebe anlagerten, die Atemwege entzündeten, die Bronchien reizten und Zellschäden verursachten. Studien hatten wiederholt gezeigt, dass Marihuanarauch viele der gleichen Schadstoffe wie Tabakrauch enthält, aufgrund der Struktur der Cannabispflanze und der Verbrennungstemperatur mitunter sogar in höheren Konzentrationen. Dennoch hielten die meisten Konsumenten an dem Glauben fest, Marihuana sei von diesen Warnungen ausgenommen.

Ein Teil des Missverständnisses rührte von der unterschiedlichen Verwendung der Substanzen her. Tabak galt seit Jahrzehnten als schädlich und war durch umfangreiche Forschung und intensive Aufklärungskampagnen mit Lungenkrebs, Herzkrankheiten und chronisch obstruktiver Lungenerkrankung (COPD) in Verbindung gebracht worden. Marihuana hingegen war kulturell mit Entspannung, Kreativität, medizinischer Anwendung und Jugend assoziiert. Man betrachtete es nicht als Suchtmittel, sondern als natürliche Pflanze. Doch die Lunge unterschied nicht zwischen den beiden Substanzen. Sie nahm Rauch, Hitze und Feinstaub gleichermaßen auf, und die darauf folgenden biochemischen Reaktionen waren bei beiden Substanzen verblüffend ähnlich.

Betrachtet man beispielsweise die Teerproduktion, so verschwindet der Unterschied zwischen Marihuana- und Tabakrauch nahezu vollständig. Teer, ein klebriger Rückstand, der sich hartnäckig an den Schleimhäuten der Atemwege festsetzt, lagert sich tief in der Lunge ab und löst unabhängig von seiner Herkunft (Cannabis oder Tabak) dieselben Entzündungsprozesse aus. Teer dient als Träger für Karzinogene und ermöglicht so deren verlängerten Kontakt mit dem empfindlichen Atemwegsgewebe. Selbst gelegentliche Marihuana-Konsumenten weisen eine Teerbelastung auf, die der von Tabakkonsumenten mit mehreren Zigaretten täglich entspricht. Und bei täglichen oder mehrmals täglichen Konsumenten übersteigt die Teeransammlung oft sogar die Werte von Tabakrauchern, die täglich eine Schachtel Zigaretten konsumieren.

Eine weitere, oft übersehene Gemeinsamkeit liegt in der Bildung polyzyklischer aromatischer Kohlenwasserstoffe (PAK), einer Gruppe starker Karzinogene, die bei der Verbrennung organischer Stoffe entstehen. Marihuana-Rauch enthält mehrere PAK in Mengen, die denen von Tabakrauch entsprechen oder diese sogar übersteigen, darunter Verbindungen wie Benzo[a]pyren, das stark mit Lungenkrebs und Herz-Kreislauf-Erkrankungen in Verbindung gebracht wird. Der Verbrennungsprozess selbst – und nicht die Pflanze an sich – erzeugt diese krebserregenden Moleküle. Unabhängig davon, ob Rauch von einem Tabakblatt oder einer Cannabisblüte inhaliert wird, entstehen diese Nebenprodukte durch denselben Prozess der unvollständigen Verbrennung.

Einer der auffälligsten Unterschiede zwischen den beiden Raucharten lag jedoch nicht in der chemischen Zusammensetzung, sondern in der Art des Inhalierens. Tabakraucher nahmen typischerweise kurze, flache Züge, und Zigaretten brannten auch dann weiter, wenn nicht aktiv inhaliert wurde. Marihuana-Konsumenten hingegen inhalierten tief und hielten den Rauch länger in der Lunge, um mehr THC aufzunehmen. Dieses Atemanhalten verlängerte die Kontaktzeit zwischen Schadstoffen und Lungengewebe erheblich. In einigen Beobachtungsstudien hielten Marihuana-Raucher ihren Atem bis zu viermal länger an als typische Zigarettenraucher. Diese verlängerte Exposition erhöhte die Menge an Teer und Karzinogenen, die sich in den Atemwegen ablagerten.

Durch das tiefere Einatmen drang der Rauch auch in kleinere Atemwege ein und erreichte Lungenbereiche, die für den empfindlichen Gasaustausch und nicht für die Abwehr von Reizstoffen zuständig sind. Diese Strukturen, die Alveolen, sind nicht für die Belastung durch intensive Hitze oder Partikel ausgelegt. Bei wiederholter Exposition gegenüber Marihuana-Rauch verloren sie an Elastizität und Funktion, was zu Lufteinschlüssen, einer verringerten Lungenkapazität und einer erhöhten Anfälligkeit für Atemwegsinfektionen beitrug. Dieses Schädigungsmuster ähnelte der Pathologie, die bei langjährigen Tabakrauchern beobachtet wird, trotz unterschiedlicher Rauchhäufigkeit.

Die Kohlenmonoxidbelastung bildete einen weiteren Zusammenhang zwischen den schädlichen Auswirkungen von Marihuana und Tabakrauch. Kohlenmonoxid bindet sich leichter an Hämoglobin als Sauerstoff und verringert so die Fähigkeit des Blutes, Sauerstoff zu den lebenswichtigen Organen zu transportieren. Forscher stellten fest, dass Marihuana-Raucher aufgrund tieferer und längerer Inhalation häufig erhöhte Carboxyhämoglobinwerte aufwiesen – sogar höhere als bei Tabakrauchern. Für junge Menschen, die sich für immun gegen Herz-Kreislauf-Beschwerden hielten, erhöhte diese Veränderung des Sauerstofftransports unbemerkt das Risiko für Herzrhythmusstörungen, Bluthochdruck und Herzereignisse.

In den Atemwegen wurden die Zilien – winzige, haarähnliche Strukturen, die für den Abtransport von Schleim, Staub und Krankheitserregern verantwortlich sind – durch die Einwirkung beider Raucharten beeinträchtigt. Während die Auswirkungen von Tabakrauch umfassend untersucht wurden, rief Marihuanarauch eine ähnliche lähmende Wirkung hervor und schwächte die natürlichen Abwehrkräfte der Lunge. Dies trug mit der Zeit zu chronischer Bronchitis, anhaltendem Husten, Schleimansammlungen und wiederkehrenden Infektionen bei. Viele regelmäßige Marihuanakonsumenten, die ihren Husten als Zeichen für „gutes Gras“ oder „starken Zug“ abtaten, litten tatsächlich unter frühen Symptomen einer Schädigung der Atemwege.

Ärzte beobachteten zahlreiche Fälle, in denen Marihuana-Konsumenten, die aufgrund ihres Verzichts auf Zigaretten von der Unversehrtheit ihrer Lunge überzeugt waren, schockiert feststellten, dass ihre Atemwege stark entzündet waren, verengt waren oder sogar eine bullöse Lungenerkrankung – also die Bildung großer Lufteinschlüsse durch die Zerstörung von Lungengewebe – auftrat. Diese Veränderungen erhöhten das Risiko eines Spontanpneumothorax, eines Zustands, bei dem die Lunge unerwartet kollabierte und häufig einen Notfalleingriff erforderlich machte. Chirurgen stellten gelegentlich fest, dass diese Lungenveränderungen denen langjähriger Zigarettenraucher ähnelten, obwohl die Patienten nie Tabak konsumiert hatten.

Ein weiterer Faktor, der die Grenze zwischen den schädlichen Auswirkungen von Marihuana und Tabak verwischte, war die gängige Praxis, beide Substanzen in Blunts oder Spliffs zu mischen. Selbst bei jenen, die angaben, Tabak zu meiden, wurden gerollte Marihuana-Zigaretten oft mit Tabakblättern umwickelt, wodurch die Konsumenten ungewollt Nikotin und weiteren Giftstoffen ausgesetzt waren. Diese Kombination verstärkte die Schädigung der Atemwege und barg ein Suchtpotenzial, was die Annahme, Marihuana-Konsum sei sicherer oder „natürlicher“, weiter untergrub.

Manchmal wurde argumentiert, dass Marihuana-Rauch bestimmte Zusatzstoffe vermissen lasse, die in handelsüblichen Tabakprodukten vorkommen, was auf ein reineres chemisches Profil hindeute. Untersuchungen haben jedoch wiederholt gezeigt, dass die meisten schädlichen Verbindungen im Tabakrauch keine Zusatzstoffe, sondern Verbrennungsprodukte von Pflanzenmaterial sind. Ob man nun ein unbehandeltes Tabakblatt, eine getrocknete Cannabisblüte oder anderes organisches Material verbrannte – viele der gleichen krebserregenden und reizenden Stoffe entstanden bei der Verbrennung. Die Lunge war unempfindlich gegenüber Pestiziden oder Aromastoffen; der eigentliche Schaden entstand durch das Einatmen des heißen, chemisch komplexen Rauchs. Konsumenten unterschätzen oft die Gefahr von Feinstaub – mikroskopisch kleinen Partikeln, die sowohl beim Rauchen von Marihuana als auch von Tabak in großen Mengen entstehen. Diese Partikel dringen tief in die Lunge ein und umgehen die anfänglichen Abwehrmechanismen. Einmal im Atmungssystem, lösen sie Entzündungen und oxidativen Stress aus – Prozesse, die mit einer Reihe von Krankheiten wie Asthma, COPD und Lungenkrebs in Verbindung gebracht werden. Marihuana-Rauch produziert erhebliche Mengen an Feinstaub, und aufgrund der typischen Inhalations- und Atempausenmuster nehmen Konsumenten im Vergleich zu Zigarettenrauchern oft mehr davon pro Zug auf.

Die psychologische Unterscheidung zwischen Marihuana und Tabak trug ebenfalls zu einer falschen Risikoeinschätzung bei. Tabakkonsum war aufgrund jahrzehntelanger Anti-Raucher-Kampagnen stark stigmatisiert, während Marihuana eine Welle kultureller Normalisierung erlebte. Die Assoziation mit Entspannung, sozialen Kontakten, Kreativität und medizinischer Anwendung vermittelte den Konsumenten ein Gefühl der Sicherheit, ja sogar der Überlegenheit gegenüber Tabakrauchern. Doch die Biologie blieb von kulturellen Narrativen unbeeindruckt. Gelangt Rauch in die Lunge, laufen unabhängig von der Ursprungspflanze dieselben Prozesse ab: Zellen werden gereizt, Flimmerhärchen geschädigt und toxische Partikel lagern sich im Gewebe ab.

In Kliniken und Notaufnahmen begegneten Ärzten häufig jungen Erwachsenen mit Atemwegsbeschwerden, die sich aufgrund ihres Verzichts auf Zigaretten vor ernsthaften Schäden wähnten. Ihre Überraschung war oft spürbar, wenn Untersuchungen eine Verdickung der Atemwege, Schleimansammlungen oder frühe Anzeichen eines Emphysems zeigten. Manche äußerten Ungläubigkeit, als ihnen erklärt wurde, dass Marihuana-Rauch maßgeblich zu ihren Symptomen beigetragen hatte. Viele von ihnen hatten stets beteuert, Marihuana sei „ganz anders als Tabak“ – eine Aussage, die sie wiederholten, ohne die Grundlage dieser Überzeugung zu hinterfragen.

Die Annahme, Marihuana-Rauch unterscheide sich grundlegend von Tabakrauch, hielt wissenschaftlicher Überprüfung oft nicht stand. Forscher, die die chemische Zusammensetzung beider Raucharten analysierten, fanden übereinstimmende Listen schädlicher Verbindungen – Benzol, Acetaldehyd, Ammoniak, Cyanwasserstoff, Stickoxide und flüchtige organische Verbindungen. In einigen Analysen wies Marihuana-Rauch sogar höhere Ammoniakkonzentrationen auf, die das Atemwegsgewebe reizten und schädigten. Das Fehlen von Nikotin im Marihuana beseitigte die Schäden nicht; Nikotin macht zwar süchtig, doch die Lungenschädigung ging vom Rauch selbst aus.

Sogar die Art des Rauchens trug zu den schädlichen Auswirkungen bei. Joints beispielsweise hatten keine Filter, wodurch die Konsumenten ungefiltertem Rauch ausgesetzt waren, der große Mengen an Teer und Feinstaub enthielt. Rauchgeräte wie Pfeifen oder Bongs entfernten keine Giftstoffe; zwar reduzierte die Wasserfiltration die Hitze und einen kleinen Teil der Feinstaubpartikel, doch der Großteil der schädlichen Chemikalien gelangte hindurch. Viele glaubten, weicherer Rauch sei gleichbedeutend mit weniger schädlichem Rauch, doch die chemische Realität widerlegte diese Annahme.

Einige Konsumenten argumentierten, ihr Konsum sei nur gelegentlich oder zum Vergnügen, da sie davon ausgingen, dass seltener Konsum das Risiko minimiere. Die Tiefe und Dauer der Inhalation beim Marihuana-Rauchen führten jedoch dazu, dass selbst gelegentlicher Konsum erhebliche Mengen an Toxinen pro Sitzung aufnahm. Anders als Zigarettenraucher, die über den Tag verteilt mehrere kleine Mengen konsumierten, inhalierten Marihuana-Raucher oft hochkonzentrierten Rauch über einen kürzeren Zeitraum. Dieses Muster belastete Lunge und Herz-Kreislauf-System akut und trug, sich über Monate und Jahre wiederholend, zu kumulativen Schäden bei.
Aus Sicht der öffentlichen Gesundheit lag die Herausforderung nicht in der Verteufelung von Marihuana, sondern in der Vermittlung eines korrekten Verständnisses der physiologischen Folgen des Rauchens. Ziel war keine moralische Wertung, sondern wissenschaftliche Klarheit: Die Lunge ist empfindlich, und Rauch jeglicher Art birgt Risiken. Die potenziellen medizinischen Eigenschaften von Marihuana hoben die Gefahren des Einatmens seiner Verbrennungsprodukte nicht auf. Das Verständnis der Ähnlichkeiten zwischen Marihuana- und Tabakrauch ermöglichte es den Konsumenten, informierte Entscheidungen zu treffen, frei von dem Mythos, dass das eine an sich harmlos sei, nur weil es von einer anderen Pflanze stammt.

Nachdem einige Personen die chemischen Zusammenhänge verstanden hatten, wählten sie alternative Konsummethoden für Cannabis, die die Verbrennung vermieden. Verdampfen, Esswaren und Tinkturen boten Möglichkeiten, die Wirkung ohne die schädlichen Nebenprodukte des Rauchs zu erleben. Allerdings brachten diese Methoden eigene Risiken mit sich und erforderten eine sorgfältige Dosierung und ein hohes Maß an Achtsamkeit. Dennoch zeigten sie, dass Schadensminimierung möglich ist, wenn Fehlinformationen durch wissenschaftliche Erkenntnisse ersetzt werden.

Letztlich enthüllte der Vergleich zwischen Marihuana- und Tabakrauch eine Wahrheit, die lange von kulturellen Stereotypen überschattet worden war: Die Reaktion des Körpers auf eingeatmeten Rauch hing nicht von Legalität, Tradition oder gesellschaftlichen Vorstellungen ab. Sie hing von der Verbrennungschemie und der Empfindlichkeit der Atemwege ab. Sowohl Marihuana- als auch Tabakrauch enthielten Giftstoffe, Karzinogene, Reizstoffe und Teer. Beide beeinträchtigten die Lungenfunktion, verstärkten Entzündungen und führten Feinstaub tief in empfindliches Gewebe ein. Beide bargen das Potenzial für langfristige Schäden an Atemwegen und Herz-Kreislauf-System.

Mit zunehmender Forschung und dem Erfahrungsaustausch von Ärzten aus Operationssälen und Kliniken verschwamm die Grenze zwischen der vermeintlichen Unbedenklichkeit von Marihuana-Rauch und den bekannten Gefahren von Tabakrauch. Kulturelle Überzeugungen wandelten sich zwar, doch die zugrundeliegenden wissenschaftlichen Erkenntnisse blieben bestehen: Die Lunge erkennt Rauch als das, was er ist, unabhängig von seiner Quelle. Durch das Verständnis dieser Parallelen können Leser fundierte Entscheidungen treffen, die auf biologischen Erkenntnissen und nicht auf Mythen beruhen. Sie erkennen, dass der Schaden nicht von der Pflanze selbst, sondern vom Verbrennungsprozess und dem Einatmen ihrer Abbauprodukte in die empfindlichsten Körperregionen ausgeht.

Kapitel 13 – Abhängigkeit im Verborgenen: Warum Cannabisabhängigkeit oft unbemerkt bleibt

Jahrelang wurde Cannabis als harmlose Gewohnheit dargestellt, als ein Freizeitvergnügen, das keine der dunklen Seiten der Sucht in sich trug. Man wiederholte Sätze wie Mantras –*Niemand wird von Cannabis abhängig.*,*Es ist nicht wie Alkohol oder Zigaretten.*,*Ich kann jederzeit kündigen.*Diese Worte kursierten beiläufig auf Universitätsgeländen, wurden selbstbewusst in verrauchten Wohnzimmern geflüstert und in sozialen Medien öffentlich geteilt. Sie wurden ausgesprochen, als wären sie unumstößliche Tatsachen. Doch hinter dieser kulturellen Gewissheit verbarg sich eine ganz andere medizinische Realität, die oft im Verborgenen lag und von den Konsumenten selbst selten anerkannt wurde: Cannabisabhängigkeit existierte tatsächlich und hatte still und leise das tägliche Leben von Millionen Menschen verändert, die glaubten, die volle Kontrolle zu haben.

Abhängigkeit kündigte sich nicht immer durch dramatische Symptome oder auffälliges Verhalten an. Stattdessen entwickelte sie sich subtil – durch veränderte Routinen, emotionale Muster und die schleichende, unbemerkte Umgestaltung der Gehirnchemie. Cannabisabhängigkeit ähnelte selten den krassen, unmissverständlichen Formen der Sucht, die man von Substanzen wie Opioiden oder Alkohol kennt. Sie manifestierte sich auf subtilere Weise: Schlaflosigkeit ohne Cannabis, leichte Reizbarkeit bei fehlender abendlicher Dosis, Engegefühl in der Brust bei sinkenden Vorräten oder eine zunehmende Abhängigkeit von Cannabis als einzigem Bewältigungsmechanismus für Stress. Diese Verhaltensweisen verschmolzen oft so nahtlos mit dem Alltag, dass die Betroffenen sie nicht als solche erkannten.

Viele Menschen, die täglich Cannabis konsumierten, glaubten tatsächlich, dies aus freiem Willen zu tun, ohne zu ahnen, dass ihr Gehirn sie durch frühe Entzugserscheinungen bereits in diese Richtung lenkte. Reizbarkeit, Unruhe und Schlaflosigkeit wurden oft als Anzeichen eines langen Tages oder von anderem Stress abgetan. Verstärkte Morgenangst wurde eher der Arbeit als dem fehlenden THC im Blutkreislauf zugeschrieben. Veränderungen des Appetits oder der Stimmung wurden mit fadenscheinigen Erklärungen abgetan. Doch diese subtilen Veränderungen waren die Fingerabdrücke einer physiologischen Abhängigkeit – eines Zustands, in dem sich das Gehirn an die regelmäßige Zufuhr von Cannabis gewöhnt hatte.

Einer der Gründe, warum Cannabisabhängigkeit lange unbemerkt blieb, war die schleichende Wirkung von THC. Anders als bei Alkohol, dessen Entzug dramatische und mitunter lebensbedrohliche Symptome hervorrief, verlief der Cannabisentzug meist unauffällig. Er setzte ein bis zwei Tage nach dem Absetzen ein und erreichte seinen Höhepunkt gegen Ende der ersten Woche. Konsumenten beschrieben oft ein anhaltendes Unbehagen, eine Unruhe, die sie immer wieder zur vertrauten Linderung durch Rauch oder Dampf trieb. Mediziner erkannten diese Symptome zwar, doch entsprachen sie selten dem gängigen Bild von „Sucht" in der Öffentlichkeit.

Als THC in den Blutkreislauf gelangte, interagierte es mit dem körpereigenen Endocannabinoid-System, einem Netzwerk von Rezeptoren, das Stimmung, Appetit, Schlaf, Motivation und Belohnungsverarbeitung reguliert. Mit der Zeit führte häufiger Konsum zu einer Abhängigkeit von externen Substanzen und reduzierte die natürliche Endocannabinoid-Produktion des Gehirns. Beim abrupten Absetzen hatte das Gehirn Schwierigkeiten, das Gleichgewicht wiederherzustellen. Die Entzugserscheinungen waren subtil, aber real: Stimmungsschwankungen, Schlafstörungen, Reizbarkeit, Appetitlosigkeit und Konzentrationsschwierigkeiten. Für viele fühlte sich der Verzicht auf Cannabis an, als verlöre die Welt ihre Farben, würde schärfer, stressiger und unübersichtlicher.

Viele Menschen beschrieben Cannabis als etwas, das ihnen ein „normales Gefühl" vermittelte, ohne zu ahnen, dass dieses Gefühl ein Warnsignal war – kein Zeichen für harmlosen Konsum, sondern für Abhängigkeit. Sobald eine Substanz für normales Funktionieren notwendig wurde, hatte sie sich bereits tief in das Belohnungs- und Regulationssystem des Körpers eingeprägt. Konsumenten, die behaupteten, ohne Cannabis auszukommen, vermieden es oft, möglicherweise weil sie sich der damit verbundenen Unannehmlichkeiten unterbewusst bewusst waren.

Eines der deutlichsten Anzeichen für Abhängigkeit zeigte sich, wenn die Betroffenen versuchten, ihren Konsum einzuschränken. Sie rauchten plötzlich mehr als beabsichtigt, verhandelten mit sich selbst über die Grenzen oder rechtfertigten einen weiteren Joint mit Aussagen im Passiv wie:*Man war der Ansicht, dass ein zusätzliches Gelenk den Schlaf verbessern würde.*, oder *Man hatte gesagt, es würde die Nerven beruhigen.*Diese inneren Dialoge offenbarten einen subtilen Verlust der Selbstbestimmung – was sich wie eine freie Wahl anfühlte, war allmählich zu einem Zwang geworden.

Cannabisabhängigkeit entwickelte sich oft über Monate oder Jahre und prägte unbemerkt den Alltag. Konsumenten begannen, ihren Tagesablauf um den Konsum herum zu strukturieren – sie warteten auf den Moment, in dem sie von der Arbeit nach Hause kamen, machten Pausen bei stressigen Aufgaben oder nutzten Cannabis als primäre Entspannungsmethode. Bald fühlten sich Erlebnisse, die einst Freude bereitet hatten – Sport, soziale Kontakte, Hobbys – ohne die Wirkung von THC fade an. Das Gehirn lernte allmählich, Vergnügen, Entspannung und Linderung ausschließlich mit Cannabis zu verknüpfen und kappte so die natürlichen Verbindungen zu Aktivitäten, die diese Gefühle einst auf natürliche Weise hervorgerufen hatten.

Diese Veränderung in der Belohnungsverarbeitung wurde von den Konsumenten selten wahrgenommen. Sie sahen sich als funktionierende Erwachsene, die einfach eine harmlose Pflanze genossen. Doch mit der Zeit wurde Cannabis zu einem zentralen Bestandteil ihrer Identität, den sie vehement verteidigten und in soziale Rituale, persönliche Routinen und emotionale Bewältigungsstrategien integrierten. Diese Form der psychischen Abhängigkeit war oft stärker als die physiologische und ebenso schwer zu überwinden.

Anonymisierte Patientenberichte bestätigten dieses Muster immer wieder. Patienten gaben an, keine Probleme mit Cannabis zu haben, obwohl sie es jahrelang täglich konsumierten. Auf die Frage, ob sie jemals versucht hätten, damit aufzuhören, spiegelten ihre Antworten oft subtile Entzugserscheinungen wider. Einige berichteten, dass sie nicht mehr schlafen konnten und deshalb bereits in der dritten oder vierten Nacht wieder zu Cannabis griffen. Andere gaben zu, dass sich Streitigkeiten mit Familienmitgliedern verschärften, als sie versuchten, den Konsum zu reduzieren. Viele gestanden, dass ihnen die Morgenstunden unerträglich waren, bis sie abends wieder konsumierten. Dies waren die Anzeichen einer Abhängigkeit – unauffällig, vertraut und leicht zu ignorieren, bis jemand sie darauf aufmerksam machte.

Ein 27-jähriger Mann hatte Entzugserscheinungen einst als „normalen Stress“ abgetan. Doch als er aufgrund einer Reise eine Woche lang keinen Cannabiskonsum mehr hatte, lief er nachts unruhig umher, fuhr Kollegen an, hatte keinen Appetit und lag bis zum Morgengrauen wach. Er hatte angenommen, die ungewohnte Umgebung sei schuld an seinem Unbehagen, doch die Symptome entsprachen dem Lehrbuchbeispiel eines Cannabis-Entzugs. Eine andere Patientin, eine 34-jährige Frau, stellte fest, dass sich ihr abendliches Ritual von „nur einem Joint“ langsam dahingehend entwickelt hatte, dass sie Cannabis zum Einschlafen brauchte. Als sie versuchte, damit aufzuhören, verschlimmerte sich ihre Schlaflosigkeit so sehr, dass sie bereits nach drei Nächten wieder Cannabis konsumierte. Sie beharrte darauf, dass dies beweise, dass Cannabis ihr beim Schlafen helfe; die Ärzte erklärten ihr behutsam, dass es in Wirklichkeit beweise, dass sie eine Abhängigkeit entwickelt hatte.

Psychische Abhängigkeit wurde noch heimtückischer, weil Cannabis lange als nicht süchtig machend galt. Konsumenten erkannten das Verlangen nach Cannabis selten als das, was es war. Sie erklärten ihren Wunsch damit, sich zu „entspannen“, sich zu „konzentrieren“ oder sich „normal zu fühlen“, ohne zu ahnen, dass diese Rechtfertigungen den zwanghaften Konsum verschleierten. Das Verlangen äußerte sich nicht immer als starker körperlicher Drang – oft als anhaltende Gedanken, emotionales Unbehagen oder das Gefühl, dass der Tag ohne Cannabiskonsum unvollständig sei.

Um diese Dynamik zu verstehen, musste man erkennen, dass Abhängigkeit ein Spektrum darstellt. Nicht alle Cannabiskonsumenten entwickelten eine Sucht, doch häufiger Konsum erhöhte das Risiko erheblich. Junge Erwachsene waren besonders gefährdet, da sich ihre neuronalen Verbindungen schnell an wiederholte Reize anpassten. Bei ihnen konnte sich eine Abhängigkeit schneller entwickeln und tiefergreifender werden, insbesondere wenn Cannabis zur Bewältigung emotionaler Belastungen oder Stress eingesetzt wurde. Mit der Zeit prägte es ihre emotionalen Reaktionen, sodass der Mangel an THC als Ungleichgewicht oder Belastung empfunden wurde.
Eine der langfristigen Gefahren einer unbemerkten Abhängigkeit war die anhaltende Exposition gegenüber Cannabisrauch und THC, die eine Reihe von Gesundheitsrisiken mit sich brachte, die in anderen Kapiteln beschrieben werden. Je abhängiger die Konsumenten wurden, desto häufiger und intensiver rauchten sie. Diese erhöhte Belastung durch Giftstoffe, Teer, Hitze und Verbrennungspartikel führte zu einer stärkeren Belastung der Atemwege und des Herz-Kreislauf-Systems. Abhängigkeit existierte selten isoliert; sie war eng mit den körperlichen Folgen des täglichen Raucheinatmens verknüpft. Der Irrglaube, Cannabis sei harmlos, führte dazu, dass Konsumenten den kumulativen Schaden, den sie ihren Lungen, ihrem Herzen und ihren Blutgefäßen zufügten, unterschätzten.

Da Cannabis gesellschaftlich akzeptiert und in vielen Regionen zunehmend legalisiert wurde, redeten sich viele ein, dass Abhängigkeit sie nicht betreffen würde. Sie sahen Cannabis als Alternative zu härteren Drogen, als natürliches Entspannungsmittel oder als harmloses Genussmittel. Diese Normalisierung erschwerte es den Konsumenten zusätzlich zu erkennen, wann aus Abhängigkeit eine Notwendigkeit geworden war. Der Wandel vollzog sich schleichend – was einst ein Wochenendritual war, wurde zur abendlichen Routine und schließlich zu mehreren Konsumsitzungen pro Tag. Oftmals erkannten die Konsumenten dies erst, als sie durch die Umstände dazu gezwungen wurden: wenn der Vorrat ausging, sie verreisten oder mit rechtlichen oder finanziellen Einschränkungen konfrontiert waren. In diesen unerwarteten Momenten der Abstinenz traten die Entzugserscheinungen deutlich und unmissverständlich zutage.

In vielen Haushalten wurde die Abhängigkeit zu einer stillen Quelle von Spannungen. Partner bemerkten Stimmungsschwankungen, wenn Cannabis nicht verfügbar war, oder stellten fest, dass Verabredungen um den Konsum herum geplant wurden. Familienmitglieder äußerten mitunter Bedenken, wurden aber mit Aussagen wie „…“ abgetan.*Es hieß, das Rauchen von Cannabis sei harmlos.* oder *Es wurde darauf bestanden, dass Aufhören einfach sei.*Diese Zusicherungen entsprachen selten der Realität.

Die Abhängigkeit beeinträchtigte die Produktivität auch auf subtile Weise. Konsumenten glaubten oft, Cannabis steigere Kreativität oder Konzentration, ohne zu ahnen, dass langfristiger Konsum häufig Motivation und exekutive Funktionen beeinträchtigte. Aufgaben wurden verzögert, Pflichten aufgeschoben und Phasen der Apathie verlängerten sich. Die Konsumenten führten diese Veränderungen auf äußere Umstände zurück und erkannten nicht den schleichenden Einfluss von THC auf kognitive Prozesse.

Menschen mit Cannabisabhängigkeit verteidigten ihren Konsum oft leidenschaftlich. Sie argumentierten, es reduziere ihre Angstzustände, doch in vielen Fällen war ihre Grundangst durch den chronischen Konsum selbst erhöht. Sie sagten, es helfe ihnen beim Einschlafen, ohne zu erkennen, dass ihr natürlicher Schlafrhythmus durch den anhaltenden THC-Konsum gestört war. Sie bestanden darauf, es beruhige sie, ohne zu ahnen, dass ihre Reizbarkeit ohne Cannabis ein Entzugssymptom und keine Persönlichkeitseigenschaft war. Solche Fehlinterpretationen ermöglichten es, dass sich die Abhängigkeit als therapeutischer Nutzen tarnte und den Teufelskreis weiter verstärkte.

Trotz der subtilen Natur der Cannabisabhängigkeit ist es möglich, die Abhängigkeit zu überwinden. Der erste Schritt ist die Erkenntnis: Entzugserscheinungen, Verlangen und zwanghafter Konsum deuten auf eine physiologische und psychologische Veränderung hin. Sobald Betroffene verstehen, dass eine Abhängigkeit entstanden ist, können sie gesündere Bewältigungsstrategien, schrittweise Reduktionsmaßnahmen und Unterstützungsangebote entwickeln. Für viele bedeutet dies, wieder zu lernen, zu schlafen, Stress abzubauen und Freude zu empfinden, ohne auf THC angewiesen zu sein.

Um die Cannabisabhängigkeit zu verstehen, musste man mit alten Mythen brechen. Sucht musste nicht zwangsläufig einen dramatischen Zusammenbruch oder Zerstörung mit sich bringen; sie konnte sich unbemerkt in alltäglichen Gewohnheiten manifestieren. Sie zeigte sich in Routinen, emotionaler Abhängigkeit und der Anpassung des Gehirns an regelmäßigen THC-Konsum. Sie veränderte Schlafmuster, Stimmungsstabilität, kognitive Leistungsfähigkeit und Stressreaktionen. Sie tarnte sich als Vorliebe, als Entspannung, als harmlose Routine.

Letztendlich war Abhängigkeit kein Zeichen von Schwäche – sie war eine biologische Reaktion, geprägt von chemischen Prozessen und der natürlichen Anpassungsfähigkeit des Gehirns. Doch die Erkenntnis dieser Abhängigkeit ermöglichte es den Betroffenen, die Kontrolle zurückzugewinnen, informierte Entscheidungen zu treffen und den Cannabiskonsum bewusst statt unreflektiert anzugehen. Die Wahrheit war nicht, dass Cannabis an sich gefährlich war, sondern dass der Glaube an die Risikofreiheit die Konsumenten für die Veränderungen in ihrem Körper und Geist blind machte. Die Illusion brach erst, als die Menschen verstanden, dass Abhängigkeit leise, subtil und tief in ihren Alltag verwoben sein kann – und dennoch real, wirkungsvoll und beachtenswert ist.

Kapitel 14 – Der tägliche Raucherzyklus: Wie regelmässiger Konsum die Gesundheitsrisiken verstärkt

Der tägliche Marihuanakonsum folgte einem Rhythmus – vorhersehbar, ritualisiert und für die Betroffenen selbst kaum wahrnehmbar. Oft begann der Kreislauf mit dem vertrauten Gedanken, dass ein weiterer Tag Rauchen keinen Unterschied machen würde, dass der regelmäßige Konsum lediglich eine harmlose Gewohnheit sei. Doch für viele veränderte diese Wiederholung nach und nach ihre Physiologie, ihr Verhalten und ihre innere Chemie auf unerwartete Weise. Was wie eine beruhigende tägliche Routine erschien, verstärkte stillschweigend die in früheren Kapiteln beschriebenen Gesundheitsrisiken und verwandelte gelegentlichen Konsum in chronischen Stress für Lunge, Herz und Blutgefäße.

Der Kreislauf begann meist harmlos. Man rauchte vielleicht gelegentlich mit Freunden am Wochenende oder nutzte Cannabis zum Entspannen nach der Arbeit. Man glaubte, der gelegentliche Konsum berge keine wirkliche Gefahr, und in jenen frühen Tagen vertrug der Körper den Rauch und das THC ohne dramatische Folgen. Doch das moderne Cannabis hatte sich weiterentwickelt und sich weit von der milden, schwach wirksamen Pflanze vergangener Jahrzehnte entfernt. Das heute erhältliche Marihuana enthielt deutlich höhere THC-Konzentrationen als alles, was es vor zwanzig oder dreißig Jahren gab. Extrakte, Konzentrate, Dabs und hochpotente Blüten waren zur Norm geworden. Konsumenten konsumierten diese Produkte oft, ohne sich der Belastung für ihr Herz-Kreislauf- und Atmungssystem bewusst zu sein. Und mit der steigenden Potenz wuchs auch die Wahrscheinlichkeit des täglichen Konsums.

Der Raucherzyklus eines täglichen Rauchers entwickelte sich typischerweise in Phasen. Was als gelegentlicher Konsum begann, wurde schnell zu einem nächtlichen Ritual, oft gerechtfertigt durch Aussagen im Passiv wie:*Man ging davon aus, dass Rauchen zur Entspannung beitrug.* oder *Man sagte, es beruhige den Geist vor dem Schlafengehen.*Der Konsument gewöhnte sich an die Routine, ohne zu bemerken, wie THC allmählich den Ablauf des Abends bestimmte. Mit der Zeit weitete sich dieses abendliche Ritual aus: Aus einem Joint wurden zwei, oder ein stärkerer Vape-Pen wurde angeschafft, um die gestiegene Toleranz auszugleichen. Schließlich rauchte der Konsument den ganzen Tag über – morgens, mittags, abends – und der Kreislauf verfestigte sich selbst.

Die Macht der Routine verstärkte die Gesundheitsrisiken, da dem Körper keine Zeit mehr zur Erholung blieb. Tägliche Belastung bedeutete tägliche Reizung des Lungengewebes, tägliche Erhöhung der Herzfrequenz, tägliche Gefäßverengung, täglichen oxidativen Stress und tägliche Unterdrückung der natürlichen Herz-Kreislauf-Regulation. Die Chronizität verwandelte einen möglicherweise isolierten Schaden in einen kumulativen Schaden.

Einer der Hauptgründe, warum der tägliche Konsum mehr Schaden anrichtete, war, dass der moderne Cannabismarkt die THC-Konzentration auf ein beispielloses Niveau getrieben hatte. In Ausgabestellen wurden oft Blüten mit einem THC-Gehalt von 20–30 % verkauft, während Konzentrate zwischen 60 % und über 90 % lagen. Diese hohen Konzentrationen veränderten die Menge des inhalierten Rauchs und das Verhalten der Konsumenten drastisch. War Cannabis noch schwächer, konsumierten die Menschen moderate Mengen. Mit steigender Konzentration passte sich der Körper schneller an, entwickelte rascher eine Toleranz und zwang die Konsumenten, immer größere Mengen zu konsumieren, um die gleiche Wirkung zu erzielen.

Regelmäßige Konsumenten inhalierten den Rauch oft tiefer und hielten ihn länger an, in der Annahme, dies verstärke das Raucherlebnis. Tatsächlich führte das Anhalten des Rauchs in der Lunge lediglich dazu, dass sich mehr Teer, Feinstaub und Giftstoffe an den empfindlichen Alveolen ablagerten. Durch das tiefere Einatmen drangen die schädlichen Chemikalien in die entlegensten Bereiche des Lungengewebes ein, wo die Reinigungsmechanismen am schwächsten sind. Die mehrmalige Wiederholung dieses Vorgangs pro Tag beschleunigte die Verschlechterung der Atemwegsfunktion.

Chirurgen und Lungenfachärzte beobachteten wiederholt die Auswirkungen des täglichen Konsums. Sie beschrieben Lungen, die mit dickem, schwarzem Teer überzogen waren, entzündete und verengte Bronchien sowie durch die ständige Einwirkung heißer Dämpfe gereizte Atemwegsschleimhäute. Diese Befunde waren keine seltenen Ausnahmen – sie spiegelten die Realität regelmäßiger Cannabiskonsumenten wider. Moderne Hochtemperatur-Rauchgeräte wie Glaspfeifen und Dab Rigs führten zu noch intensiverer Hitze in Rachen und Lunge, schädigten Epithelzellen und reduzierten die Schutzfunktion der Lunge. Wiederholter Konsum führte zu überempfindlichen, geschwollenen Atemwegen, die anfällig für chronische Bronchitis waren.

Das Herz-Kreislauf-System wurde gleichermaßen belastet. THC führte zu einem Anstieg von Herzfrequenz und Sauerstoffbedarf, veränderte den Gefäßtonus und beeinträchtigte die autonome Regulation. Bei gelegentlichen Konsumenten waren diese Veränderungen vorübergehend. Bei täglichen Konsumenten hingegen war das Herz wiederholten Stressspitzen ausgesetzt, vergleichbar mit jemandem, der mehrmals täglich ohne Pause sprintet. Mit der Zeit versteiften sich die Gefäßwände, und ihre Endothelschicht wurde geschädigt. Der gleichmäßige Blutfluss wich Turbulenzen. Entzündungen nahmen unbemerkt zu und schufen allmählich die Grundlage für Plaquebildung und Gefäßverstopfungen. Nichts davon verursachte unmittelbare Symptome. Der Konsument fühlte sich oft gesund und war sogar überzeugt, von der Stresslinderung zu profitieren. Doch unter der Oberfläche häuften sich die Schäden schleichend an.

Täglicher Konsum erhöhte die Risiken zusätzlich, da THC den Stoffwechsel beeinflusste. Der Körper speicherte THC in Fettzellen und gab es nach und nach wieder ab. Bei täglichem Konsum wurde THC nie vollständig abgebaut. Der Konsument befand sich in einem nahezu permanenten Zustand leichter Rauschzustände, selbst wenn er sich nüchtern fühlte. Diese anhaltende Präsenz veränderte die grundlegende Funktion des Herz-Kreislauf-Systems und beeinträchtigte Herzrhythmus, Blutdruck und Gefäßintegrität. Über Monate und Jahre summierten sich diese subtilen Veränderungen zu einem erheblichen Risiko.

Der tägliche Konsumrhythmus beeinflusste auch das Inhalationsverhalten. Viele tägliche Konsumenten nutzten Marihuana als primäres Entspannungsmittel, was sie dazu verleitete, tiefer und länger zu inhalieren, um die Wirkung zu maximieren. Diese Inhalationsgewohnheiten führten im Vergleich zu gelegentlichen oder Freizeitkonsumenten zu einer höheren Rauchmenge pro Atemzug. Mit jedem tieferen Einatmen gelangten mehr krebserregende Stoffe, Teer, Schwermetalle und Feinstaub in die Lunge. Diese Partikel lagerten sich tief in den Alveolen ab, wo die Makrophagen Schwierigkeiten hatten, sie effektiv zu entfernen. Mit der Zeit führten diese Ablagerungen zu einer Versteifung des Lungengewebes, verringerten dessen Elastizität und beeinträchtigten den Gasaustausch.
Die Täuschung durch die tägliche Rauchgewohnheit trug wesentlich zu deren Gefährlichkeit bei. Konsumenten hielten Husten oft für normal, Schleim für unbedeutend und Atemnot für vorübergehend. Sie führten diese Symptome auf Wetter, Allergien oder Müdigkeit zurück, anstatt die tägliche Belastung durch Rauch zu erkennen. Es hieß beiläufig: „Jeder hustet morgens ein bisschen", obwohl dieser Husten ein deutliches Anzeichen für eine Entzündung der Atemwege war. Chronischer Husten deutete darauf hin, dass die Bronchien durch Reizung geschwollen waren, Schleim durch verengte Atemwege presste und die Lunge zwang, die ständige Belastung auszugleichen.

Selbst die Vorstellung, Marihuana sei „natürlich“ oder „biologisch“, trug zu diesem Teufelskreis bei. Viele tägliche Konsumenten glaubten, sie würden die in verarbeitetem Tabak enthaltenen Giftstoffe vermeiden. Was sie nicht wussten: Bei der Verbrennung jeglicher Pflanzenmaterialien entstehen schädliche Chemikalien. Der tägliche Konsument setzte sich diesen Giftstoffen wiederholt aus und inhalierte Verbrennungspartikel, die die Lunge nicht filtern kann. Auch „natürlicher“ Rauch enthielt Karzinogene, Reizstoffe und Kohlenwasserstoffe – die sich bei wiederholtem Konsum alle anreicherten.

Diese tägliche Exposition verstärkte auch die psychische Abhängigkeit. Da die Konsumenten keine dramatischen Entzugserscheinungen erlebten, glaubten sie, die Kontrolle zu haben. Doch der Körper hatte sich stillschweigend an die regelmäßige Zufuhr von THC gewöhnt. Die tägliche Wiederholung festigte neuronale Verbindungen, die das Rauchen mit Erleichterung, Wohlbefinden und Stabilität verknüpften. Diese verfestigten Verbindungen erschwerten es, die Gewohnheit aufzugeben, was zu längerer Konsumdauer und somit zu einer höheren lebenslangen Belastung mit Rauchgiften führte. Viele unterschätzten die Macht dieser psychischen Verstärkung. Sie glaubten, tägliches Rauchen sei lediglich eine Vorliebe, ohne zu ahnen, dass sich das Gehirn bereits an die regelmäßige Zufuhr von Cannabinoiden gewöhnt hatte.

Die moderne Cannabiskultur förderte auch den täglichen Konsum. Hochpotente Produkte wurden als Premiumprodukte vermarktet, und die Normalisierung von Marihuana im sozialen Umfeld ließ häufigen Konsum harmlos erscheinen. Konsumenten umgaben sich oft mit Gleichgesinnten, die regelmäßig konsumierten, wodurch ein Umfeld entstand, in dem täglicher Konsum als normal galt. Diese Normalisierung verschleierte die wachsenden Risiken und ermöglichte es, dass sich der Kreislauf ungehindert fortsetzte.

Manche Konsumenten, die regelmäßig Cannabis konsumierten, wechselten vom Rauchen von Blüten zu stärkeren Produkten wie Dabs oder konzentrierten Ölen. Diese Konsumformen führten zu einer massiven Aufnahme von THC in einem einzigen Zug, was die Belastung des Herz-Kreislauf-Systems drastisch erhöhte. Der Puls konnte innerhalb von Sekunden sprunghaft ansteigen, der Blutdruck stark schwanken und die Blutgefäße sich abrupt verengen. Regelmäßiges Inhalieren dieser Art führte mit der Zeit zu Herzrhythmusstörungen und einer verminderten Gefäßfestigkeit.

Die Folgen für die Atemwege verschlimmerten sich mit dem täglichen Konsum. Lungen, die zuvor gelegentlichen Rauch problemlos abtransportieren konnten, wurden von der täglich eingelagerten Menge an Schadstoffen überfordert. Die Flimmerhärchen – winzige Härchen, die normalerweise Partikel aus den Atemwegen filtern – wurden geschädigt und verloren an Effektivität. Ohne sie hatten die Lungen Mühe, Teer und Feinstaub auszuscheiden. Als Reaktion darauf stieg die Schleimproduktion, was zu zäheren Sekreten führte, die die Atemwege verstopften und den Luftstrom behinderten. Manche tägliche Raucher entwickelten schließlich eine chronische Bronchitis, eine Erkrankung, die durch anhaltenden Husten und Schleimbildung über Monate oder sogar Jahre gekennzeichnet ist. Diese Erkrankung erschwerte das Atmen und erhöhte die Anfälligkeit für Atemwegsinfektionen.

Tägliches Rauchen hatte auch unerwartete Folgen für das Immunsystem. Der Rauch unterdrückte Immunzellen in der Lunge und erschwerte dem Körper so die Abwehr von Krankheitserregern. Tägliche Raucher berichteten häufig von einer erhöhten Anfälligkeit für Erkältungen, Nasennebenhöhlenentzündungen und andere Atemwegserkrankungen, brachten diese Beschwerden aber selten mit Cannabiskonsum in Verbindung. Stattdessen schrieben sie die Symptome äußeren Faktoren zu oder akzeptierten sie einfach als Teil des Lebens.

Bei vielen Menschen dauerte der tägliche Konsum jahrelang an, bevor nennenswerte Symptome auftraten. Selbst wenn Symptome auftraten, wurden sie oft als behandelbar oder nicht mit Cannabis in Zusammenhang stehend abgetan. Atemnot wurde dem Alter zugeschrieben. Beschwerden in der Brust wurden Stress zugeschrieben. Schlafstörungen galten als Folge eines hektischen Lebensstils. Diese Fehlinterpretationen ließen die Schäden unbehandelt fortschreiten.

Mediziner begegneten häufig täglichen Rauchern, die glaubten, keinerlei Gesundheitsrisiken zu haben. Ihre Verleugnung rührte nicht von Unwissenheit her, sondern von der schleichenden Natur chronischer Schäden. Sie fühlten sich gut und nahmen daher an, dass alles in Ordnung sei. Doch als diese Personen schließlich Herz-Kreislauf-Probleme, Atemwegserkrankungen oder unerwartete Komplikationen nach Operationen entwickelten, wurden die Anzeichen der akkumulierten Schäden unübersehbar. Chirurgen beschrieben bei täglichen Rauchern verdickte, brüchigere Arterien, mit klebrigem Teer überzogene Lungen und Gefäße, die während Eingriffen unvorhersehbar reagierten. Diese Komplikationen traten nicht vereinzelt auf – sie spiegelten die kumulative Wirkung des täglichen Einatmens verbrannter Stoffe wider.

Letztendlich war es die Illusion der Harmlosigkeit, die den täglichen Marihuanakonsum so gefährlich machte. Da die Wirkung schleichend und unbemerkt eintrat, bemerkten die Konsumenten die Risiken nicht, die sich in ihrem Körper anhäuften. Sie spürten weder die fortschreitende Endotheldysfunktion, noch die Plaquebildung, die Verengung der Atemwege oder das Absterben der Flimmerhärchen. Sie glaubten, Stress abzubauen, ihre Kreativität zu steigern oder ihren Schlaf zu verbessern. Doch mit jedem Zug stiegen die physiologischen Kosten.

Das Verständnis des Rauchverhaltens täglicher Konsumenten offenbarte eine Wahrheit, die in kulturellen Debatten oft übersehen wird: Die Häufigkeit des Rauchens ist entscheidend. Die Stärke der Zigaretten ist entscheidend. Die Art des Inhalierens ist entscheidend. Wenn diese Faktoren zusammenwirken, steigen die Risiken exponentiell. Tägliche Konsumenten setzen sich einer anhaltenden Belastung des Herz-Kreislauf-Systems, chronischen Reizungen der Atemwege und langfristigen Gefäßschäden aus, die nur wenige erkennen, bis sie unvermeidbar werden.

Der tägliche Rhythmus war nicht bloß eine Routine – er bedeutete eine kontinuierliche Exposition gegenüber starkem Rauch, hohem THC-Gehalt und physiologischen Stressfaktoren, die den Körper mit der Zeit veränderten. Die Erkenntnis dieses Musters bot den Betroffenen die Möglichkeit, ihre Gewohnheiten zu überdenken und zu verstehen, dass die stille Konstanz des täglichen Konsums weitaus gravierendere Folgen hatte, als ihnen bewusst war.

Kapitel 15 – Zusammenhänge zwischen psychischer Gesundheit: Angstzustände, Depressionen und Herzstress

Die Verbindung zwischen Verstand und Herz war schon immer enger, als den meisten Menschen bewusst war, und im Zusammenhang mit Marihuanakonsum hatte Dr. London oft betont, dass diese Verbindung viel zu oft unterschätzt werde, bis es zu spät sei. Er hatte beobachtet, wie sie sich still, manchmal unsichtbar, entfaltete, während er Patientengeschichten las oder Krankenakten durchsah, die auf inneres Chaos hindeuteten, lange bevor der Körper Anzeichen eines Zusammenbruchs zeigte. Es spiegelte sich in Sätzen wider, die Angehörige in Wartezimmern murmelten – Sätze wie:*„Er war in letzter Zeit ängstlich gewesen.“* oder *„Sie sagte, ihr Herz rase nach dem Rauchen, aber sie hielte das für normal.“*Dies waren kleine Bruchstücke der Wahrheit, die ein umfassenderes Bild davon zeichneten, wie THC mit dem Nervensystem interagiert und dadurch eine überraschende Belastung für das Herz-Kreislauf-System darstellt.

Marihuana wurde oft als entspannende Substanz dargestellt, zu der man griff, um Stress abzubauen oder nach einem langen Tag zur Ruhe zu kommen. Doch die Realität, die er beobachtete, war komplexer. Bei vielen Menschen, insbesondere bei täglichen Konsumenten, bewirkte THC eher das Gegenteil. Statt Ruhe löste es Angstzustände, Momente irrationaler Panik, plötzliche Todesgefühle und Paranoia aus. Beim ersten Mal wurde dies oft als Ausrutscher abgetan oder auf eine stärkere Sorte als erwartet geschoben. Doch unter diesen psychischen Belastungen entfaltete sich still und leise etwas anderes: Das Herz reagierte schnell, heftig, fast verzweifelt, als ob der Körper plötzlich glaubte, vor Gefahr zu fliehen.

Diese physiologische Reaktion war in der medizinischen Literatur schon unzählige Male beschrieben worden, doch sie wirkte weitaus alarmierender, als man sie bei realen Menschen beobachtete. Ein Anstieg der Herzfrequenz – die sich manchmal innerhalb weniger Minuten nach dem Einatmen verdoppelte – war nur der Anfang. Der Blutdruck stieg rapide an, die Blutgefäße im ganzen Körper verengten sich, Stresshormone wie Adrenalin wurden in großen Mengen ausgeschüttet, und für Menschen mit bereits bestehenden leichten Vorerkrankungen konnte diese Kombination gefährlich sein. Dr. London erinnerte sich an eine junge Frau in ihren Zwanzigern, die ihm nach mehreren Besuchen in der Notaufnahme wegen „Panikattacken" überwiesen worden war. Bei jeder Episode hatte sie über Brustschmerzen, Herzrasen und Taubheitsgefühle in den Armen berichtet. Wie viele andere nahm auch sie an, dass etwas Emotionales ihre Panik auslöste. Doch als ihre Untersuchungen durchgeführt wurden, wurde deutlich, dass ihr Herz auf plötzliche Spitzenwerte der Aktivität des sympathischen Nervensystems reagierte – ein direkter Zusammenhang mit dem Marihuana, das sie zweimal täglich konsumierte.

Ihr Fall war kein Einzelfall. Viele Konsumenten stellten fest, dass Marihuana ihre emotionalen Erfahrungen eher verstärkte als linderte. Bei manchen entstand ein Teufelskreis: Sie nutzten es, um Stress abzubauen, gerieten dadurch aber in noch größeren Stress. Dieses ständige Hin und Her zwischen Linderung und Unbehagen belastete die psychische Gesundheit und das Herz-Kreislauf-System gleichermaßen. Dr. London erklärte oft, dass chronischer Stress, selbst künstlich durch Substanzen hervorgerufener, das Herz dazu zwingt, so zu reagieren, als sei ständig Gefahr im Angesicht der Gefahr, und dass kein Organ eine solche Hypervigilanz ohne Folgen aufrechterhalten kann.

Auch Depressionen spielten in dieser Diskussion eine Rolle. Viele tägliche Marihuana-Konsumenten berichteten von emotionaler Abstumpfung, Antriebslosigkeit, anhaltender Niedergeschlagenheit oder der Unfähigkeit, ohne Konsum Freude zu empfinden. Mit der Zeit wurde diese emotionale Abhängigkeit zu einer schleichenden Belastung im Alltag. Aus physiologischer Sicht veränderten Depressionen den Herzrhythmus, verstärkten Entzündungen, störten den Schlaf und trugen zu hormonellen Ungleichgewichten bei – alles Faktoren, die auch das kardiovaskuläre Risiko erhöhten. Die Kombination der THC-Wirkung mit diesen emotionalen Belastungen erzeugte, was Dr. London als unsichtbare „Stressbelastung“ bezeichnete – etwas Schweres, das Patienten erst bemerkten, wenn körperliche Symptome auftraten.

Es gab Momente, in denen Patienten in seiner Praxis saßen und ihm von vermeintlich harmlosen Episoden berichteten – Phasen, in denen ihr Herz raste, Herzstolpern sie nachts erschreckte oder plötzliche Angstschübe sie grundlos aus dem Schlaf rissen. Er hörte aufmerksam zu und erkannte dies als Anzeichen einer überschießenden Stressreaktion. Vielen war nicht bewusst, dass Marihuana Herzrhythmusstörungen auslösen oder bestehende verschlimmern kann. Beim Inhalieren von THC wurden die Angstzentren im Gehirn stärker aktiviert als erwartet, und während sich die Sorgen immer weiter steigerten, beschleunigte sich der Herzschlag entsprechend der wahrgenommenen Bedrohung. Panik und Herzrasen traten oft gleichzeitig auf und verstärkten sich gegenseitig in einem Teufelskreis, der den Konsumenten erschüttert, verwirrt und immer abhängiger von der Substanz machte, um Linderung zu finden.

Noch besorgniserregender waren die Langzeitkonsumenten, die Anzeichen emotionaler Instabilität zeigten, diese aber als Persönlichkeitsveränderungen oder berufsbedingten Stress abtaten. Ihnen war nicht bewusst, dass der ständige THC-Konsum das Verhalten der Neurotransmitter veränderte. Die Rezeptoren, mit denen die Droge interagierte, waren eng mit Systemen verknüpft, die Stimmung, Gedächtnis und Emotionsregulation steuerten. Mit der Zeit konnten diese Veränderungen zu Angststörungen, depressiven Episoden und chronischer Reizbarkeit beitragen. Der Körper reagierte auf diese emotionalen Schwankungen ebenso stark wie der Geist. Das Herz, das den emotionalen Stress wahrnahm, reagierte mit Blutdruckspitzen, Herzrhythmusstörungen und erhöhtem Sauerstoffbedarf.

Ein Mann Mitte dreißig, dessen Geschichte Dr. London jahrelang beschäftigte, konsumierte seit seinen frühen Zwanzigern regelmäßig Marihuana, in der Annahme, es würde ihm ein Gefühl der Ausgeglichenheit geben. Er kam ins Krankenhaus, nachdem er zu Hause mit heftigen Brustschmerzen zusammengebrochen war. Obwohl er sich schließlich von dem Herzinfarkt erholte, war Dr. London vor allem von der emotionalen Zerbrechlichkeit des Mannes beeindruckt. Seine Angstzustände hatten sich über die Jahre immer weiter verschlimmert, und während der medizinischen Untersuchung wurde deutlich, dass sein Herz schon lange vor dem Zusammenbruch unter starker Belastung stand. Chronische Angstzustände hatten sein Herz-Kreislauf-System jahrelang in einen Zustand erhöhter Alarmbereitschaft versetzt, und jedes Mal, wenn er Marihuana konsumierte, um diese Angstzustände zu lindern, hatte das THC den physiologischen Stress eher verstärkt als reduziert.

Eine weitere Patientin, eine junge Studentin, beschrieb Episoden, in denen sie wenige Minuten nach dem Rauchen von einem überwältigenden Gefühl der Angst erfasst wurde. Ihr Herz raste unkontrolliert, ihre Sicht verschwamm, und für einige Sekunden glaubte sie, dass etwas Katastrophales passieren würde. Sie hatte diese Episoden zunächst für psychische Ursachen gehalten, die nichts mit ihrer körperlichen Gesundheit zu tun hatten. Doch bei einer klinischen Untersuchung zeigte ihr Herzrhythmus gefährliche Ausschläge. Das THC hatte eine Panikreaktion ausgelöst, die ihr Herz-Kreislauf-System an den Rand des Zusammenbruchs brachte.

Die Wechselwirkung zwischen psychischer und physischer Gesundheit war nicht nur theoretischer Natur. Sie zeigte sich täglich in Notaufnahmen, wo Patienten zitternd, atemlos, mit Herzrasen und desorientiert eingeliefert wurden. Viele glaubten, zu sterben. Andere hatten das Gefühl, den Bezug zur Realität zu verlieren. Das medizinische Personal dokumentierte häufig erhöhte Herzfrequenzen, sprunghaft ansteigenden Blutdruck und Herzrhythmusstörungen, die alle innerhalb weniger Minuten nach dem Marihuanakonsum auftraten. Für Menschen mit bestehenden Herzerkrankungen, selbst leichten, konnten diese physiologischen Ausschläge Auslöser schwerwiegender Komplikationen sein.

Dr. London erklärte oft, dass Angstzustände einen Hormonsturm im Körper auslösen. Cortisol und Adrenalin steigen sprunghaft an, verengen die Blutgefäße und zwingen das Herz zu stärkerer Arbeit. Wenn Marihuana die Angstzustände verstärkte, anstatt sie zu unterdrücken, setzten die Konsumenten ihr Herz-Kreislauf-System unwissentlich wiederholtem, unnötigem Stress aus. Mit der Zeit trug dies zu Entzündungen, Plaquebildung und einer erhöhten Anfälligkeit für akute Ereignisse wie Herzinfarkt oder Herzrhythmusstörungen bei.

Die Wechselwirkung zwischen emotionalem Stress und körperlicher Belastung war stark. Jemand, der nach dem Rauchen Angstzustände erlebte, bemerkte einen rasenden Herzschlag, und die dadurch ausgelöste Angst beschleunigte diesen noch. Dieser Kreislauf konnte Minuten oder Stunden andauern und schuf bei Menschen mit einer Veranlagung zu Herzproblemen ein gefährliches inneres Milieu. Dr. London hatte beobachtet, wie Personen ohne familiäre Vorbelastung für Herzerkrankungen nach jahrelangem, emotional instabilem Marihuanakonsum plötzlich erhebliche Herzsymptome entwickelten.

Depression trug auf subtilere, aber ebenso schädliche Weise zu diesem Teufelskreis bei. Depressive Menschen schliefen oft schlecht, hatten wenig Motivation für Sport und griffen vermehrt zu Substanzen, um mit ihren Problemen umzugehen. Schon allein der schlechte Schlaf erhöhte das Risiko für Herz-Kreislauf-Erkrankungen, veränderte den nächtlichen Blutdruckverlauf und belastete das Herz tagsüber stärker. Viele Cannabiskonsumenten nutzten die Substanz zum Einschlafen, ohne zu wissen, dass sie den normalen Schlafrhythmus störte und den Tiefschlaf – die für die Regeneration des Herzens essenzielle Phase – verkürzte. Sie fühlten sich nur oberflächlich erholt, während ihr Körper unter chronischem Schlafmangel litt, der das Risiko für Herz-Kreislauf-Erkrankungen schleichend erhöhte.

Die kombinierte Wirkung von THC-bedingter mentaler Belastung, emotionaler Instabilität und physiologischem Stress führte zu einer verheerenden Situation. Die Auswirkungen traten nicht sofort ein und fühlten sich nicht immer dramatisch an. Die meisten Konsumenten beschrieben sie als subtile Veränderungen – verstärkte Reizbarkeit, zunehmende Müdigkeit, gelegentliches Herzrasen, kurze Angstzustände, die schnell wieder vorübergingen. Sie bemerkten selten, dass sich diese Momente summierten und jede einzelne ihr Herz-Kreislauf-System zusätzlich belastete.

In seiner klinischen Praxis überraschten Dr. Londons Erklärungen seine Patienten oft. Viele erkannten, manchmal widerwillig, dass die erhoffte beruhigende Wirkung von Marihuana von der erheblichen Belastung für Psyche und Herz überschattet wurde. Was sie für Entspannung hielten, entpuppte sich oft als emotionale Taubheit; was sie für Stressabbau hielten, war mitunter der Beginn eines neuen Zyklus physiologischen Stresses.

Geist und Herz waren keine voneinander getrennten Einheiten, die isoliert funktionierten. Angst schnürte die Brust ebenso zusammen wie sie die Arterien verengte. Depression schwächte die Motivation genauso wie sie den Herzschlagrhythmus beeinträchtigte. THC drang in dieses empfindliche System ein und wirkte auf beiden Ebenen – emotional und physisch – und verstärkte die Belastung, ohne dass der Konsument es vollständig bemerkte.

Als Dr. London die Lehren dieses Kapitels abschloss, wurde die Botschaft deutlich: Die Auswirkungen von Marihuana auf die psychische Gesundheit haben tiefgreifende Folgen für das Herz-Kreislauf-System. Angstzustände, Panikattacken, emotionale Instabilität und depressive Verstimmungen sind nicht nur psychische Probleme, sondern führen zu realem, messbarem Herzstress. Und in einer Welt, in der die unsichtbare Belastung oft die größte Gefahr darstellt, kann das Verständnis dieses Zusammenhangs den Unterschied zwischen Prävention und Tragödie ausmachen.

Kapitel 16 – „Es ist natürlich, also ist es sicher“: Die gefährlichste Annahme

Die Vorstellung, dass etwas Natürliches ungefährlich sein müsse, hatte sich über Generationen gehalten und war tief in Kulturen, Gespräche und Gewohnheiten verwoben, die die Menschen unhinterfragt übernahmen. Dr. London hatte sie unzählige Male gehört, ausgesprochen mit stiller Gewissheit, als ob der Satz selbst eine unbestreitbare Wahrheit enthielte. Er wurde in Krankenzimmern ausgesprochen, in Wartezimmern geflüstert und in die Ausreden von Patienten eingewoben, die ihre eigene Verletzlichkeit nicht akzeptieren wollten. Er tauchte in Aussagen wie … auf.„*Aber es ist doch nur eine Pflanze.*“ oder „*Es ist biologisch, also kann es nicht schädlich sein.*“Als ob der einfache Ursprung einer Substanz die komplexen biologischen Folgen ihrer Entstehung auslöschen würde. Im Laufe der Jahre hatte er gelernt, dass dieser Glaube – dieser naturalistische Fehlschluss – nicht nur einer der hartnäckigsten Irrtümer, sondern auch einer der gefährlichsten war.

Die Natur, so erinnerte er sich oft, hatte nie Sicherheit versprochen. Sie hatte nie behauptet, ihre Schöpfungen seien harmlos oder sanft. Die Natur barg sowohl Heilmittel als auch Gifte, sowohl heilende Blätter als auch giftige Blüten. Der Mensch hatte sich so entwickelt, dass er manche Gefahren erkennen konnte, doch andere blieben hinter angenehmen Düften oder harmlosem Aussehen verborgen. In seiner Arbeit sah er täglich Beispiele dafür, wie die Annahme von Sicherheit allein aufgrund des Etiketts „natürlich“ den Menschen für Risiken blind machen konnte, bis sein Körper die Folgen nicht mehr ertragen konnte.

Er erinnerte sich an ein Gespräch im Aufwachraum mit einem Mann Ende zwanzig, der viel früher als erwartet eine Notoperation am Herzen hatte. Der Mann hatte darauf bestanden, dass sein starker Marihuanakonsum nicht zu seinem Zustand beigetragen haben könne, denn, wie er es beiläufig formulierte, „er hatte geglaubt, es sei sicherer als alles Verarbeitete". Er hatte es eher mit Verwirrung als mit Arroganz gesagt, als sei seine innere Logik zwar erschüttert, aber noch nicht durch Verständnis ersetzt worden. Dr. London hatte geduldig zugehört, denn er wusste, dass das, was der Mann sagte, eine breitere kulturelle Erzählung widerspiegelte, die sich über Jahrzehnte verfestigt hatte.

Marihuana, ein pflanzliches Produkt, wurde in dieselbe Kategorie wie Kräutertees, Gewürze oder Naturheilmittel eingeordnet, obwohl seine Konsummethode – Verbrennen und Inhalieren – es in eine völlig andere Kategorie einordnet als alles, was der Heilung oder Linderung des Körpers dient. Rauchen, unabhängig von der verbrannten Pflanze, erzeugt Verbrennung, Hitze und giftige Nebenprodukte, für deren Verarbeitung die menschliche Lunge nicht ausgelegt ist. Dennoch hielt sich hartnäckig die Vorstellung, dass Marihuana, weil es nicht im Labor hergestellt wurde und keine chemischen Zusätze enthält, irgendwie von den biologischen Folgen anderer Rauchformen ausgenommen sein müsse.

Dr. London hatte beobachtet, wie dieser Glaube die Entscheidungen von Teenagern, jungen Erwachsenen und älteren Menschen beeinflusste, die alle Trost in etwas suchten, von dem sie glaubten, die Natur habe es sicher verpackt. Manche hatten es von Gleichaltrigen gehört, andere aus den Medien und viele aus mündlich überlieferten Geschichten ihrer Gemeinschaften. Der Begriff „Bio-Rauch" übte eine seltsame Anziehungskraft aus, als ob alles, was als natürlich bezeichnet wurde, automatisch Vertrauen genoss. Doch der menschliche Körper beurteilt Sicherheit nicht anhand von Etiketten; er reagiert auf chemische Verbindungen, Giftstoffe, Feinstaub und Hitze – all das ist im Marihuana-Rauch enthalten.

Er erinnerte sich an die Begegnung mit einer Frau Anfang vierzig, deren Atemnot sich durch jahrelanges tägliches Rauchen stetig verschlimmert hatte. Sie hatte Marihuana nicht nur zum Vergnügen konsumiert, sondern im Rahmen eines, wie sie glaubte, ganzheitlicheren Lebensstils. Sie hatte sich für Bio-Lebensmittel entschieden, verarbeitete Produkte gemieden und fest an natürliche Heilmethoden geglaubt. Als ihre Untersuchungen eine erhebliche Entzündung der Atemwege und erste Anzeichen einer chronischen Bronchitis zeigten, war sie schockiert. Passiv hatte sie gesagt: „Ich hatte gedacht, natürliche Dinge seien sicher", als ob die Grundlage ihrer Entscheidungen sie verraten hätte. In diesem Moment begriff Dr. London erneut den tiefgreifenden Einfluss von Annahmen – nicht nur auf das individuelle Verhalten, sondern auch auf die stillschweigenden Rechtfertigungen, die sich Menschen gaben, während sich der Schaden unbemerkt anhäufte.

Die Komplexität der Natur blieb dem ungeübten Auge oft verborgen. Ein Blatt konnte harmlos erscheinen, aber dennoch Verbindungen enthalten, die Organversagen verursachen konnten. Eine Blume konnte zart wirken, aber Toxine bergen, die das Herz lähmen konnten. Die Natur barg einige der stärksten Gifte, die die Wissenschaft kennt – Extrakte, die in Milligramm tödlich sein konnten, Pflanzen, die das Nervensystem schädigen konnten, Pilze, die die Leber zerstören konnten. Doch keines dieser Stoffe trug Warnsignale für diejenigen in sich, die nicht wussten, wie man seine biologischen Signaturen deutet. Die Annahme, eine Substanz sei ungefährlich, nur weil sie aus dem Boden und nicht aus dem Labor stammte, bedeutete, sowohl die Natur als auch den Körper, der mit ihr interagierte, falsch zu verstehen.

Auch in der Medizin stammten viele lebensrettende Behandlungen aus natürlichen Quellen, erforderten jedoch Verfeinerung, Kontrolle und präzise Dosierung, um Schäden zu vermeiden. Morphin, gewonnen aus dem Schlafmohn, konnte bei korrekter Anwendung Leben retten, bei Missbrauch jedoch verheerende Folgen haben. Digitalis, aus dem Fingerhut gewonnen, konnte den Herzrhythmus regulieren, ihn aber in zu hoher Dosis auch tödlich stören. Die Grenze zwischen Heilmittel und Gift war schon immer fließend, und sich in dieser Grauzone zu bewegen, erforderte Wissen statt Annahmen. Marihuana, obwohl eine Pflanze, enthielt Verbindungen, die stark auf Gehirn und Herz-Kreislauf-System wirkten. THC konnte die Herzfrequenz erhöhen, die Blutgefäße verengen und den Sauerstoffbedarf des Herzens steigern. Beim Verbrennen setzte die Marihuanapflanze Teer, Reizstoffe, Karzinogene und Feinstaub frei, die die Lunge auf eine Weise belasteten, die auch durch die Bezeichnung „natürlich“ nicht beschönigt werden konnte.

Dr. Londons Erfahrung nach führte der naturalistische Fehlschluss nicht nur in die Irre, sondern vermittelte auch ein Gefühl der Sicherheit, das die Wachsamkeit abstumpfte. Menschen, die täglich Marihuana konsumierten, hielten selten inne, um über die Reaktion ihrer Lunge nachzudenken, da sich der Konsum vertraut und alltäglich anfühlte und durch kulturelle Akzeptanz gestützt wurde. Die sich wiederholende Bewegung – einen Joint anzünden, tief inhalieren und den Rauch ausatmen – wurde zu einem Ritual, das sich in den Rhythmus ihres Lebens einfügte. Warnsignale des Körpers – Husten, Keuchen, Engegefühl in der Brust – wurden oft als vorübergehend oder unbedeutend abgetan. Schließlich, so dachten sie insgeheim, wie schädlich konnte es schon sein, wenn es von einer Pflanze kam?

Er hatte diese Argumentation auch bei anderen Substanzen beobachtet. Er hatte Fälle behandelt, in denen Personen mit unregulierten, als „natürlich" geltenden Nahrungsergänzungsmitteln experimentierten, ohne zu wissen, dass einige davon gefährliche Mengen an Stimulanzien enthielten. Er hatte Patienten gesehen, die durch pflanzliche Heilmittel vergiftet wurden, welche Verunreinigungen oder mit ihren bestehenden Medikamenten unverträgliche Substanzen enthielten. In jedem Fall lag der Annahme dieselbe zugrunde: natürlich gleichbedeutend mit sicher. Doch die Folgen widerlegten diese Annahme immer wieder.

Die kulturelle Stellung von Marihuana machte es besonders anfällig für dieses Missverständnis. Es wurde mit Ruhe, Kreativität, Entspannung und natürlicher Heilung assoziiert. Seine lange Tradition trug zusätzlich zu der Annahme bei, es müsse harmlos sein. Doch die traditionelle Verwendung umfasste weder die hochpotenten Sorten, die auf dem modernen Markt entwickelt wurden, noch die heute erhältlichen Konzentrate. Die moderne Marihuanapflanze hatte kaum noch Ähnlichkeit mit dem, was frühere Generationen konsumierten. Sie wies einen höheren THC-Gehalt, eine höhere Rauchdichte und stärkere Auswirkungen auf das Herz-Kreislauf-System auf – Faktoren, die man bei der Übernahme von Annahmen aus einer anderen Zeit selten berücksichtigte.

Ein Patient, ein junger Mann Anfang dreißig, kam mit starken Brustschmerzen ins Krankenhaus, nachdem er in einer stressigen Woche viel geraucht hatte. Auf die Frage nach seinem Konsum antwortete er beiläufig, er habe Marihuana gewählt, weil es sich wie eine natürliche Alternative zu Zigaretten oder Alkohol anfühlte. Er hatte nie hinterfragt, dass das Einatmen von Rauch – egal welcher Art – Risiken birgt. Für ihn schien der Rauch einer Pflanze weniger gefährlich als der Rauch von verarbeiteten Produkten. Doch seine Arterien sprachen eine andere Sprache. Die Scans zeigten Entzündungen, beginnende Plaquebildung und Anzeichen von Stress, die auf jahrelange Belastung des Herz-Kreislauf-Systems hindeuteten. Ungläubig betrachtete er die Bilder und versuchte, sie mit seinem Glauben, den sichereren Weg gewählt zu haben, in Einklang zu bringen.

Das Gefühl von natürlicher Sicherheit erschwerte es den Betroffenen zudem, frühe Anzeichen von Schäden zu erkennen. Herzklopfen wurde auf Angstzustände oder Erschöpfung zurückgeführt. Atemnot wurde dem Wetter oder Bewegungsmangel angelastet. Engegefühl in der Brust wurde als Muskelverspannung abgetan. Der Verstand schützte das Glaubenssystem und filterte die Körpersignale durch die Brille dessen, was man für wahr gehalten hatte. Bis die Betroffenen schließlich ärztliche Hilfe suchten, waren die Schäden oft schon fortgeschrittener als erwartet. Der jahrelange tägliche Marihuanakonsum hinterließ Spuren an Lunge, Herz und Blutgefäßen, die sich unbemerkt ansammelten, bis sie nicht mehr zu übersehen waren.

Die Unterscheidung zwischen natürlichem Ursprung und biologischer Wirkung wurde entscheidend. Der Körper bewertete nicht, ob eine Substanz aus der Erde oder aus dem Labor stammte, sondern ihre chemische Zusammensetzung und die dadurch ausgelösten physiologischen Veränderungen. Teer, Kohlenmonoxid, Karzinogene und Feinstaub wirkten unabhängig von ihrer Herkunft (Tabak oder Marihuana) auf die Lunge. Hitze schädigte die Atemwegsschleimhaut, egal ob die Pflanze biologisch oder industriell hergestellt war. Verbrennungsnebenprodukte beeinträchtigten den Sauerstoffaustausch, unabhängig vom kulturellen Ruf der Pflanze. Das Herz reagierte auf THC-bedingten Stress wie auf jedes andere Stimulans – mit verstärkter Arbeit, schnellerem Herzschlag und erhöhtem Sauerstoffbedarf.

Dr. London wusste, dass die Widerlegung des naturalistischen Fehlschlusses Geduld, Klarheit und Mitgefühl erforderte. Die Menschen hielten nicht aus Sturheit an diesen Überzeugungen fest, sondern aus Vertrauen – Vertrauen in Erzählungen, mit denen sie aufgewachsen waren, Vertrauen in kulturelle Botschaften, Vertrauen in ihr eigenes Urteilsvermögen. Dieses Vertrauen zu durchbrechen bedeutete, ein neues Verständnis zu vermitteln, eines, das nicht auf Angst, sondern auf biologischer Wahrheit beruhte. Er verstand, dass die Menschen den Unterschied zwischen natürlichem Ursprung und physiologischer Unbedenklichkeit erkennen mussten. Sie mussten verstehen, dass der Körper nicht zwischen natürlichem und künstlichem Schaden unterscheidet.

In Gesprächen mit Patienten beschrieb er die Natur oft als eine Kraft der Dualität. Sie spendete Nahrung, Heilung und Schönheit, aber auch Gefahr, Giftstoffe und Unberechenbarkeit. Die Menschen hatten nicht überlebt, indem sie sich in Sicherheit wähnten, sondern indem sie lernten, diese Gefahr zu erkennen und zu respektieren. Wenn Menschen natürlichen Substanzen blind vertrauten, benachteiligten sie sich selbst, weil sie die Komplexität der Natur nicht erkannten.

Als Dr. London über den Zweck dieses Kapitels nachdachte, sah er es nicht nur als Widerlegung eines Missverständnisses, sondern auch als Mahnung. Eine Mahnung, dass Sicherheit nicht durch die Herkunft, sondern durch die Auswirkungen bestimmt wird, nicht durch kulturelles Wohlbefinden, sondern durch biologische Realität. Er hoffte, dass die Leser hinter die Fassade des Etiketts „natürlich" blicken und verstehen würden, dass die Reaktionen des Körpers auf wissenschaftlichen Erkenntnissen und nicht auf Gefühlen beruhen.

Letztlich war die gefährlichste Annahme nicht, dass Marihuana natürlich sei, sondern dass die Natur an sich ungefährlich sei. Diese Unterscheidung zu erkennen, kann den Unterschied ausmachen zwischen frühzeitigem Bewusstsein und späterem Bedauern, zwischen Prävention und Krise, zwischen einem bewahrten Glauben und einem geretteten Leben.

Kapitel 17 – Falschinformationen in sozialen Medien: TikTok, Instagram und der Aufstieg falscher Ratschläge

Die moderne Informationslandschaft hatte sich zu einem Ort entwickelt, an dem Wahrheit und Unterhaltung miteinander konkurrierten – und die Unterhaltung oft die Oberhand behielt. Dr. London hatte diese Transformation nicht in Fachzeitschriften oder auf medizinischen Konferenzen beobachtet, sondern auf den Bildschirmen seiner Patienten: winzige, leuchtende Rechtecke, gefüllt mit Videos, die zwar nur fünfzehn Sekunden dauerten, deren Folgen aber weit darüber hinausgingen. Plattformen wie TikTok und Instagram, einst für Kreativität und Vernetzung gedacht, hatten sich schleichend in Arenen verwandelt, in denen Gesundheitsratschläge zu Inhalten, Inhalte zu Währung und Influencer – ungeachtet ihrer Qualifikationen – zu den neuen Autoritäten wurden.

Es war nicht ungewöhnlich, dass Patienten in seine Praxis kamen und sich auf etwas bezogen, das sie online gesehen hatten. Die Aussagen kamen passiv vor, als würden sie Fakten wiederholen, die sie aus vertrauenswürdigen Quellen bezogen hatten:*„Im Internet war behauptet worden, Cannabis senke den Blutdruck.“* oder *„Ein Schöpfer hatte erklärt, dass natürlicher Rauch die Lunge reinigt.“* oder *„Ein Influencer hatte behauptet, Marihuana schütze das Herz, indem es Stress reduziere.“*Diese Aussagen strahlten Überzeugung aus, obwohl sie auf Missverständnissen, Halbwahrheiten oder glatten Lügen beruhten. Dr. London hatte gelernt, diesen Unterton zu erkennen – die subtile Gewissheit, die von Informationen ausging, die durch ansprechende Bilder, eingängige Musik oder charismatische Persönlichkeiten wiederholt vermittelt wurden.

Er verstand, dass sich Fehlinformationen nicht aufgrund mangelnder Intelligenz verbreiteten, sondern weil Online-Systeme Einfachheit, Kühnheit und Emotionen gegenüber Differenzierung, Genauigkeit und Vorsicht bevorzugten. Algorithmen bewerteten nicht, was korrekt war, sondern was angesehen, geteilt und mit dem interagiert wurde. Ratschläge, die natürlich, rebellisch oder gängige Gewohnheiten unterstützten, fanden oft viel mehr Anklang als Inhalte, die zu Mäßigung oder Risikobewusstsein aufriefen. Es überraschte daher nicht, dass Videos, die den Marihuanakonsum verherrlichten, weite Verbreitung fanden, während ausgewogene Gesundheitsdiskussionen im Verborgenen blieben.

Er erinnerte sich an eine junge Patientin, die felsenfest davon überzeugt war, Marihuana könne die Lunge „entgiften". Grundlage dafür war ein tausendfach geteiltes Video. Das Mädchen hatte beiläufig gesagt, der Urheber habe es „klar erklärt" – und dabei Fachjargon verwendet, der zwar wissenschaftlich klingen mochte, aber dessen Bedeutung völlig verzerrte. Der Urheber sprach von „reinigenden Eigenschaften der Pflanze", „natürlichem Rauchgleichgewicht" und „uralter Lungenreinigung" – Phrasen, die zwar autoritär klingen sollten, aber jeglicher biologischen Grundlage entbehrten. Die junge Patientin hatte es bedingungslos geglaubt, weil das Video millionenfach geliked und mit zustimmenden Kommentaren versehen worden war.

Dr. London hatte ihr behutsam erklärt, dass Rauch, unabhängig von seiner pflanzlichen Herkunft, die Lunge schädigt, anstatt sie zu heilen. Sie hatte zugehört, doch er spürte den Widerstand, der durch den enormen Widerspruch zwischen der ruhigen, ausführlichen medizinischen Erklärung und den schnelllebigen, emotional ansprechenden Online-Inhalten entstand, die sie konsumiert hatte. In ihrer Welt wurde Expertise nicht an Qualifikationen, sondern an ihrer viralen Verbreitung gemessen. Und je haarsträubender die Behauptung, desto schneller verbreitete sie sich.

Influencer, viele von ihnen ohne medizinischen Hintergrund, hatten sich zu einflussreichen Stimmen in der öffentlichen Meinungsbildung entwickelt. Sie präsentierten Informationen auf ansprechende Weise – mit farbenfrohen Grafiken, humorvollen Sketchen, schnellen Schnitten und Musik, die jede Botschaft vertrauenswürdig erscheinen ließen, einfach weil sie vertraut wirkte. Viele Influencer handelten nicht absichtlich irreführend; sie wiederholten lediglich, was sie gehört hatten, ohne sich bewusst zu sein, dass sie damit zu einer Kette von Fehlinterpretationen beitrugen. Andere hingegen erstellten gezielt Inhalte, die starke Reaktionen hervorrufen sollten, denn Kontroversen und Aufregung steigerten die Reichweite. Einige Cannabis-Vermarkter nutzten diese Plattformen strategisch, indem sie Lifestyle-Bilder mit gesundheitsbezogenen Aussagen verknüpften, die Marihuana subtil als harmlos oder sogar gesundheitsfördernd darstellten. Sie zeigten Nutzer beim Entspannen, Wandern, Meditieren oder Kochen, begleitet von Bildunterschriften, die unterschwellig suggerierten, dass Marihuana das Wohlbefinden steigerte, die Kreativität förderte und die Herzgesundheit verbesserte. Einige wenige missbrauchten sogar seriöse wissenschaftliche Studien und verdrehten deren Schlussfolgerungen, um sie in ihre Verkaufsstrategien einzubetten. So wurde beispielsweise eine Passage aus einer Studie, die die kurzfristige entspannende Wirkung von Cannabis hervorhob, zu der weitreichenden Behauptung umgedeutet, Marihuana beuge stressbedingten Herzerkrankungen vor, obwohl die Gesamtergebnisse das Gegenteil nahelegten.

Diese Manipulation florierte, weil den meisten Zuschauern die Zeit – oder das Interesse – fehlte, jede Behauptung zu überprüfen. Menschen neigen naturgemäß dazu, Informationen zu bevorzugen, die ihre Wünsche oder Überzeugungen bestätigen, und die zunehmende Normalisierung von Marihuana schuf einen fruchtbaren Boden für Fehlinformationen. Die Plattformen selbst beschleunigten diesen Prozess. Der TikTok-Algorithmus analysierte das Nutzerverhalten in Sekundenschnelle: Wenn jemand auch nur ein einziges Video zum Thema Marihuana bis zum Ende ansah, interpretierte das System dies als Interesse und empfahl ähnliche Videos. Innerhalb weniger Minuten konnte ein Zuschauer in eine kuratierte Welt eintauchen, in der jeder Creator dieselbe Botschaft verbreitete – dass Marihuana harmlos, gesund oder anderen Substanzen überlegen sei.

Dr. London erlebte die Auswirkungen hautnah mit. Die Patienten nickten zustimmend, als er die Gesundheitsrisiken erklärte, doch er spürte den inneren Kampf in ihnen. In ihren Köpfen hatten Bilder von TikTok und Instagram oft mehr Gewicht als klinische Beweise. Sie waren wiederholt Beiträgen ausgesetzt, die Marihuana als „die sicherste Alternative", „ein Naturheilmittel" oder „eine von der alten Wissenschaft falsch dargestellte Heilpflanze" anpriesen. Diese Botschaften wirkten emotional anziehend, weil sie Trost und Bestätigung boten. Die Wahrheit, komplex und manchmal unbequem, konnte sich gegen die als Selbstermächtigung verkleidete Einfachheit nicht durchsetzen.

Ihm fiel ein anderer Fall ein – ein Mann Mitte dreißig, der nach starkem Cannabiskonsum in einer stressigen Phase beängstigendes Herzrasen verspürte. Auf seinen Konsum angesprochen, antwortete er beiläufig: „Im Internet wurde erklärt, Cannabis helfe, den Herzrhythmus zu regulieren." Die Fehlinformationen stammten von einem Anbieter, der zwar häufig Wellness-Tipps veröffentlichte, dabei aber medizinische Fachbegriffe falsch verwendete. Dieser Anbieter hatte Marihuana als „natürliches Herzentspannungsmittel" bezeichnet und behauptet, THC beruhige das Herz und verbessere die Durchblutung. Diese Aussagen, selbstbewusst vorgetragen und mit ansprechenden Bildern untermalt, hatten ausgereicht, um Tausende von Zuschauern zu überzeugen. Doch der Mann, der vor Dr. London saß, hatte die Wahrheit auf die harte Tour erfahren müssen – durch eine Fahrt im Krankenwagen und stundenlangen Aufenthalt in der Notaufnahme.

Dr. London hatte versucht, die Psychologie hinter diesem Wandel zu verstehen. Er erkannte, dass viele Menschen traditionellen Informationsquellen nicht mehr vertrauten. Experten sprachen in bedächtigem Ton, wählten vorsichtige Formulierungen und räumten Unsicherheiten ein. Influencer hingegen traten mit absoluter Überzeugung auf und boten einfache Antworten auf komplexe Fragen. Ihr Selbstvertrauen wirkte stärker als vorsichtige Genauigkeit, und das rasante Tempo der sozialen Medien ließ durchdachte Analysen langsam und überholt erscheinen. Die Zuschauer bekamen die realen Folgen – Herzinfarkte, Lungenschäden oder Angstzustände – selten zu sehen, denn diese Realitäten spielten sich hinter verschlossenen Türen ab, nicht in perfekt inszenierten Videos.

Ihm war auch aufgefallen, dass beliebte Clips oft Formulierungen wie diese verwendeten:*„Ärzte werden Ihnen das nicht sagen.*" oder *„Große Unternehmen wollen nicht, dass Sie es wissen.*"Dies trug zu einer Erzählung bei, die Fehlinformationen als rebellisch und ermächtigend darstellte. Diese Darstellung suggerierte, dass der Konsum von Marihuana nicht nur eine Entscheidung, sondern ein Protest gegen Autoritäten sei und machte ihn so zu etwas kulturell Attraktivem. Es entstand eine Atmosphäre, in der wissenschaftliche Empfehlungen als einschränkend, die Inhalte von Influencern hingegen als befreiend empfunden wurden.

Das Problem, so Dr. London, war nicht einfach die Existenz von Fehlinformationen – diese waren schon immer Teil der Gesellschaft. Das eigentliche Problem lag in der Geschwindigkeit und dem Ausmaß ihrer Verbreitung. TikTok und Instagram verbreiteten Inhalte schneller, als Korrekturen veröffentlicht werden konnten. Ein einziges irreführendes Video konnte innerhalb weniger Stunden Millionen von Menschen erreichen, während korrekte medizinische Informationen ohne reißerische Inszenierung kaum Beachtung fanden. Dieses Ungleichgewicht schuf ein Umfeld, in dem die Wahrheit hinter der Lüge zurückblieb und schädliche Ratschläge normalisiert wurden, lange bevor Experten eingreifen konnten.

Er dachte an eine junge Frau, die mit schweren Angstzuständen, ausgelöst durch Marihuana-Konsum, eingeliefert worden war. Sie hatte damit angefangen, weil, wie sie beiläufig erklärte, „Videos im Internet behaupteten, es helfe Menschen mit Angstzuständen". Sie wusste nicht, dass THC bei vielen Menschen, insbesondere in hohen Dosen, Angstzustände verschlimmern kann. Die Influencer, denen sie folgte, hatten nur die beruhigende Wirkung gezeigt und die biologische Variabilität ignoriert, die Marihuana unberechenbar macht. Ihre Erfahrung war beängstigend gewesen – Herzrasen, Engegefühl in der Brust, überwältigende Angst – und sie hatte Mühe zu verstehen, warum ihre Reaktion so anders war als die positiven Darstellungen, die sie online gesehen hatte.

Der Aufstieg von Kurzvideos machte Nuancen nahezu unmöglich. Komplexe Gesundheitserklärungen ließen sich nicht in 15-Sekunden-Clips pressen. Daher reduzierten die Produzenten den Kontext auf Fragmente und präsentierten den Zuschauern unvollständige, aber täuschend vollständige Informationen. Begriffe wie „entzündungshemmend", „natürliches Entspannungsmittel" und „herzfreundliche Pflanzenstoffe" wurden inflationär verwendet, ohne Dosierung, Einnahmemethode oder physiologische Folgen zu erwähnen. Diese Fragmente wurden zu Überzeugungen, und diese Überzeugungen beeinflussten das Verhalten.

In Dr. Londons Gesprächen mit Kollegen kam das Thema soziale Medien immer wieder zur Sprache. Viele von ihnen berichteten von zunehmenden Schwierigkeiten, Patienten von tatsächlichen Risiken zu überzeugen. Das einst in medizinische Fachkräfte gesetzte Vertrauen verteilte sich nun auf unzählige Online-Quellen, von denen viele keine Verantwortung für die Folgen ihrer Ratschläge übernahmen. Die Demokratisierung von Informationen hatte zwar zu mehr Selbstbestimmung geführt, aber auch die Grenze zwischen Expertise und Meinung verwischt. Im Gesundheitswesen hatte diese Verwischung reale, mitunter irreversible Konsequenzen.

Er hatte begonnen, Fehlinformationen als eine Art stillen Schadstoff zu betrachten – etwas Unsichtbares und doch Allgegenwärtiges, das sich unbemerkt in die Köpfe einschleicht und Entscheidungen verändert, ohne dass die Menschen merken, dass sie beeinflusst wurden. Es betrifft nicht nur Einzelpersonen, sondern ganze Gemeinschaften und prägt die kollektive Einstellung zu Risiko und Sicherheit. Wenn Fehlinformationen viral gingen, führten sie nicht nur eine Person in die Irre, sondern Tausende, manchmal sogar Millionen. Dieses Ausmaß verwandelte persönliche Missverständnisse in Herausforderungen für die öffentliche Gesundheit.

Das Beunruhigende daran war, dass Fehlinformationen über Marihuana oft in ein positives Licht gehüllt wurden. Videos zeigten Menschen, die mit Freunden lachten, Gerichte mit Cannabis zubereiteten oder es im Rahmen ihrer Wellness-Routine nutzten. Diese Darstellungen erzeugten eine Illusion von Harmlosigkeit und verschleierten die dahinter verborgenen physiologischen Realitäten. Der Algorithmus bevorzugte Inhalte, die eingängig, humorvoll und visuell ansprechend waren, und spielte alles herunter, was zum Nachdenken anregte oder bestehende Überzeugungen infrage stellte.

Dr. London erkannte, dass die Lösung nicht in Belehrungen oder angstschürenden Botschaften liegen würde. Es bedurfte Verständnis, Geduld und der Bereitschaft, Risiken so zu vermitteln, dass sie die Öffentlichkeit erreichten. Die Menschen mussten nicht nur die Gefahren, sondern auch die Mechanismen verstehen – den Zusammenhang zwischen Raucheinatmen und Lungenschäden, zwischen THC-Schüben und Herzbelastung, zwischen häufigem Konsum und langfristiger Abhängigkeit. Sie brauchten authentische Geschichten mit realen Folgen, um den beschönigten Darstellungen im Internet entgegenzuwirken.

Er malte sich oft aus, wie es wäre, wenn fundierte medizinische Erkenntnisse dieselbe Aufmerksamkeit erregten wie virale Videos. Wenn eine detaillierte Erklärung der Belastung des Herz-Kreislauf-Systems innerhalb von Sekunden Millionen von Menschen erreichen könnte, oder wenn Lungenchirurgen Bilder von geschädigtem Gewebe genauso häufig teilten wie Influencer glamouröse Raucherentwöhnungen. Doch er wusste, dass solchen Inhalten der Unterhaltungswert fehlte, um in der heutigen Zeit erfolgreich zu sein. Fakten konnten gegen Spektakel nicht bestehen.

Dennoch blieb er hoffnungsvoll. Das Bewusstsein war langsam gewachsen, und eine neue Generation medizinisch ausgebildeter Experten nutzte soziale Medien, um fundierte Informationen zu verbreiten. Diese Experten hatten es oft schwer und wurden von lauteren Stimmen übertönt, aber sie gaben nicht auf. Dr. London bewunderte ihren Einsatz, denn er wusste, wie schwierig es war, sich gegen die vielen Informationen durchzusetzen.

Als er über die Zunahme von Fehlinformationen nachdachte, erkannte er deutlich, dass die Herausforderung weit über Marihuana hinausging. Sie spiegelte einen grundlegenden Wandel in der Art und Weise wider, wie die Gesellschaft Wissen konsumierte, Überzeugungen bildete und gesundheitsbezogene Entscheidungen traf. In dieser neuen Ära war die Fähigkeit zum kritischen Denken zu einer unverzichtbaren Kompetenz geworden – vielleicht genauso wichtig wie jede medizinische Intervention. Ohne sie blieben die Menschen anfällig für die charmanten Lügen, die von selbstsicheren Fremden auf Bildschirmen verbreitet wurden.

Mit diesem Kapitel wollte er den Lesern eine Perspektive eröffnen, durch die sie die digitale Welt klarer betrachten können – den Unterschied zwischen Fakten und Unterhaltung, zwischen Expertise und Charisma, zwischen Wahrheit und der Illusion von Wahrheit erkennen. Denn letztendlich verzerrte Fehlinformation nicht nur das Verständnis, sondern prägte reale Verhaltensweisen, beeinflusste reale Menschen und trug zu realem Schaden bei. Und diese Folgen verschwanden, anders als Trends in den sozialen Medien, nicht mit dem Ausschalten des Bildschirms.

Kapitel 18 – Legalisierung und der Sicherheits-Halo-Effekt

Die Legalisierung von Cannabis in verschiedenen Regionen hatte nicht nur die rechtlichen Grenzen verschoben, sondern auch die öffentliche Wahrnehmung subtil verändert und den von Dr. London so genannten „Sicherheits-Halo-Effekt" hervorgerufen. Patienten kamen mit dem stillen Vertrauen in seine Klinik, dass Cannabis aufgrund seiner Legalität nur ein minimales Risiko bergen könne. Diese Überzeugung wurde selten offen geäußert, sondern floss vielmehr beiläufig in die Gespräche ein, als böte allein die Legalität Schutz.„*Es war legalisiert worden, also dachte er, es müsse sicher sein.*"Ein Patient gab es zu und nickte, während er versuchte, seinen kürzlichen Herzinfarkt mit jahrelangem, gewohnheitsmäßigem Konsum in Einklang zu bringen. Diese Annahme war weit verbreitet, wurde selten hinterfragt und oft durch das Marketing der Ausgabestellen, gesellschaftliche Narrative und staatliche Botschaften verstärkt.

Die Legalisierung besaß eine verführerische Einfachheit. Wenn eine Substanz legal erlaubt war, schien die Gesellschaft ihr stillschweigend zuzustimmen. Man argumentierte, Gesetze dienten dem Schutz, und legale Wege bedeuteten Regulierung, Qualitätskontrolle und Sicherheitsstandards. Man stellte sich Ausgabestellen als moderne Apotheken vor, besetzt mit Experten, die Fragen zu Wirkstärke, Zubereitung und Risiken beantworten konnten. Viele glaubten, der Übergang von illegal zu legal beseitige jegliche vorherige Gefahr, als ob der Regulierungsprozess selbst die Substanz reinige. Doch Dr. London hatte wiederholt beobachtet, dass Legalität die Biologie nicht verändern kann. Ob legal oder illegal, gerauchtes Pflanzenmaterial interagiert auf dieselbe physiologische Weise mit dem Körper und birgt dieselben kardiovaskulären und pulmonalen Risiken.

Er erinnerte sich an einen Patienten Ende zwanzig, der nach einer plötzlichen Herzrhythmusstörung eingeliefert worden war. Der Patient hatte jahrelang gelegentlich Marihuana konsumiert, aber seitdem in der Nähe Ausgabestellen eröffnet hatten, hatte sein Konsum deutlich zugenommen. Er hatte beiläufig erwähnt, dass*Er glaubte, die Regierung würde ihm den Kauf von gefährlichen Dingen nicht erlauben.*Sein Blick verriet keine Trotzreaktion, sondern fehlgeleitetes Vertrauen. Er war davon ausgegangen, dass Aufsicht und Lizenzierung Sicherheitsgarantien böten, und hatte dabei die grundlegende Wahrheit übersehen, dass Legalität nicht gleichbedeutend mit Harmlosigkeit ist.

Die Marketingpraktiken in legalisierten Märkten hatten diesen positiven Effekt verstärkt. Ausgabestellen präsentierten Cannabis als Lifestyle-Produkt und verknüpften dessen Konsum häufig mit Wellness-Erzählungen. Etiketten priesen Sortenmerkmale, Geschmacksnoten und versprachen sogar Vorteile wie „Stressabbau" oder „Entspannung". Esswaren und Tinkturen wurden wie Gourmetprodukte verpackt, mit elegantem Design, leuchtenden Farben und vertrauenswürdigen Logos. Den Konsumenten wurde subtil, in einer Sprache von Qualität und Raffinesse, vermittelt, dass diese Produkte sorgfältig ausgewählt, getestet und daher sicher seien. Doch die Verpackung konnte weder die pharmakologische Wirkung noch die körperlichen Folgen des Inhalierens von Rauch oder der Einnahme hoher THC-Konzentrationen beeinflussen.

Auch die Kommunikation der Regierung trug unbeabsichtigt zu Fehlvorstellungen bei. Kampagnen im Bereich der öffentlichen Gesundheit konzentrierten sich oft darauf, Schäden zu minimieren, Mäßigung zu fördern und vor den Gefahren illegaler Produkte zu warnen. Obwohl diese Botschaften wissenschaftlich fundiert waren, suggerierte die Darstellung häufig, dass legale, regulierte Produkte grundsätzlich sicher seien. Die Menschen verinnerlichten die Vorstellung, dass sie dem legalen Zugang vertrauen könnten, und nahmen an, dass ihr Konsum weitgehend risikofrei sei. In diesem Umfeld berücksichtigten viele die langfristigen Risiken für Herz-Kreislauf-, Lungen- und psychische Gesundheit nicht ausreichend.

Dr. London begegnete Eltern, die Cannabis für ihre jungen erwachsenen Kinder in lizenzierten Verkaufsstellen erwarben, im Glauben, die Legalität garantiere Produktqualität und minimiere Gesundheitsrisiken. Sie gingen davon aus, dass offizielle Vertriebswege strenge Sicherheitskontrollen bedeuteten, und waren sich nicht bewusst, dass die Regulierung primär Reinheit, Pestizidgehalt und THC-Kennzeichnung betraf – nicht die umfassenderen physiologischen Folgen regelmäßigen Konsums. Die Kinder, ermutigt durch den Zugang und das implizite Vertrauen ihrer Eltern, steigerten oft Häufigkeit und Stärke des Konsums und verschlimmerten so unwissentlich die Belastung ihres Herz-Kreislauf-Systems.

Er erinnerte sich an einen besonders eindrucksvollen Fall eines Patienten Mitte dreißig, eines regelmäßigen Konsumenten, der begonnen hatte, hochkonzentrierte THC-Produkte aus einer lizenzierten Ausgabestelle zu beziehen. Der Patient war mit starkem Herzrasen und Engegefühl in der Brust in die Notaufnahme gekommen. Er hatte beiläufig gesagt, dass*Er ging davon aus, dass legale Produkte sicherer seien als Straßen-Marihuana.*Diese Aussage verdeutlicht die weitverbreitete Illusion von Sicherheit. Untersuchungen zeigten eine Entzündung der Arterien und beginnende Plaquebildung – Folgen chronischer Exposition, verstärkt durch konzentrierte Schadstoffe. Die Annahme des Patienten, sicher zu sein, hatte die Risikoerkennung verzögert und so ein unbemerktes Fortschreiten der Schädigung ermöglicht.

Der Halo-Effekt reichte über die individuelle Wahrnehmung hinaus und beeinflusste auch das Gruppenverhalten. Soziale Kreise bestärkten oft die Legalität als Indikator für Sicherheit, was Vorsicht minderte und den kollektiven Konsum steigerte. Freunde tauschten Empfehlungen für Cannabis-Apotheken aus, priesen Sorten als „herzschonend" oder „körperverträglich" an und hoben Labortests als Beweis für deren Unbedenklichkeit hervor. In diesen Kreisen wurden Risikodiskussionen vernachlässigt, da der rechtliche Rahmen den Konsum implizit rechtfertigte. Warnungen von Medizinern, Wissenschaftlern oder Forschern wurden häufig als veraltet oder alarmistisch abgetan.

Auch im Gesundheitswesen spiegelte sich diese Herausforderung wider. Patienten berichteten selbstsicher von ihrem Marihuanakonsum und betonten mitunter, dass sie es aus legalen Quellen bezogen, in der stillschweigenden Erwartung, beruhigt zu werden. Viele waren überrascht, als Dr. London erklärte, dass die Legalität die kardiovaskulären und pulmonalen Risiken nicht minderte, dass THC weiterhin den Herzschlag beschleunigte, die Blutgefäße verengte und den Sauerstoffbedarf erhöhte und dass der eingeatmete Rauch – ob legal oder nicht – Teer, Reizstoffe und Karzinogene in die Lunge einbrachte. Er beobachtete oft eine subtile Veränderung in ihrer Körpersprache, ein kurzes Ringen zwischen ihren bisherigen Annahmen und der sich abzeichnenden Realität, gefolgt von einem zaghaften Eingeständnis des Risikos.

Der Halo-Effekt verschleierte auch das Bewusstsein für die Dosierung. Der legale Zugang, kombiniert mit ansprechendem Produktdesign und hochpotenten Sorten, verleitete zu einem höheren Konsum. Konzentrate, Öle und essbare Produkte enthielten THC-Werte, die weit über dem lagen, was Konsumenten in der Vergangenheit üblicherweise zu Genusszwecken konsumierten. Viele Konsumenten, die der Legalität und den laborgeprüften Etiketten vertrauten, berücksichtigten nicht, dass die höhere Potenz die Herzbelastung, das Risiko von Herzrhythmusstörungen und Gefäßstress erhöhte. Sie interpretierten die Legalität als Beweis für Sicherheit, anstatt sie als Aufforderung zu einem kritischen Umgang mit dem Konsum zu verstehen.

Dr. London stellte fest, dass dieses Missverständnis häufig mit altersbedingten Risiken einherging. Junge Erwachsene, die sich ohnehin schon unbesiegbar fühlten, übernahmen den Halo-Effekt schnell. Sie nahmen an, dass Marihuana ihnen nicht schaden könne, da es legal sei und mit Wellness-Botschaften vermarktet werde. Die Folge war eine Gruppe von Konsumenten, die immer jüngeren Menschen zunehmend kardiovaskulären Belastungen und Lungenschäden ausgesetzt waren. Bis sich physiologische Folgen zeigten, hatten sich bereits Verhaltensmuster etabliert, die ein Eingreifen oder eine langfristige Behandlung erforderten.

Ein Patient, Anfang zwanzig, war mit Brustbeschwerden und leichter Atemnot eingeliefert worden. Er hatte beiläufig geäußert, dass*Er vertraute legal verkauftem Marihuana mehr als jeder anderen Substanz*.Er berief sich auf laborgeprüfte Sorten und die Beratung des Verkaufspersonals. Ihm war nicht bewusst gewesen, dass zwar Verunreinigungen kontrolliert werden konnten, der Rauch selbst und die durch THC verursachte Belastung seines Herz-Kreislauf-Systems jedoch erhebliche Risiken bargen. Seine Arterien waren entzündet, und erste Anzeichen einer Endotheldysfunktion waren sichtbar – alles Folgen jahrelangen, wiederholten Konsums. Die Legalität hatte ihm einen trügerischen Schutz geboten und die schleichende, unbemerkte Anhäufung von Schäden verschleiert.

Die Schulungen in Apotheken waren zwar mitunter hilfreich, konnten aber unbeabsichtigt bestehende Annahmen verstärken. Mitarbeiter konzentrierten sich oft auf Produkteigenschaften, die Einhaltung gesetzlicher Bestimmungen und die Anwendererfahrung, ohne unbedingt auf langfristige gesundheitliche Auswirkungen einzugehen. Kunden, die sich durch professionelle Empfehlungen im Rahmen der gesetzlichen Bestimmungen beruhigt fühlten, suchten selten nach unabhängigen Bestätigungen oder wissenschaftlichem Rat. Diese Dynamik verstärkte den Halo-Effekt und schuf ein Umfeld, in dem Legalität, Marketing und Erfahrungsberichte die medizinischen Erkenntnisse in den Schatten stellten.

Dr. London stellte außerdem fest, dass die Legalisierung die öffentliche Debatte über Schadensminimierung beeinflusst hatte. Befürworterkampagnen betonten häufig die Sicherheit im Vergleich zu illegalen Produkten und suggerierten, dass legales Cannabis Verunreinigungen, Streckmittel und unregulierte Wirkstoffkonzentrationen minimiere. Obwohl dies in diesen begrenzten Kontexten zutraf, enthielt die Botschaft oft eine implizite Befürwortung allgemeiner Sicherheit. Konsumenten verinnerlichten diese Botschaften und setzten Regulierung mit umfassendem Gesundheitsschutz gleich, wodurch die Realität verschleiert wurde, dass Rauchinhalation, THC-Spitzen und chronischer Konsum weiterhin gesundheitsschädlich sind.

Die Legalisierung hatte weitreichende Folgen für die Normalisierung. Substanzen, die einst illegal und stigmatisiert waren, wurden nun gesellschaftlich akzeptiert. Marihuana war am Arbeitsplatz, bei gesellschaftlichen Anlässen und in der Freizeit allgegenwärtig und wurde nicht mehr verurteilt. Diese kulturelle Akzeptanz, verbunden mit dem Gefühl der Sicherheit, verringerte die kognitiven Bedenken, die andernfalls eine kritische Auseinandersetzung mit den Gesundheitsrisiken ausgelöst hätten. Wenn das Umfeld eines Konsumenten die Substanz als harmlos betrachtete, verstummte der innere Dialog, der zuvor die Risiken hinterfragt hatte, und es entstand eine gewisse Sorglosigkeit.

Dr. London hatte dasselbe Muster bei älteren Erwachsenen beobachtet, die zuvor Cannabis gemieden hatten. Die Annahme, dass der legale Zugang Legitimität bedeute, verleitete zum Experimentieren, oft auf eine Weise, die bestehende Erkrankungen ignorierte. Patienten mit Bluthochdruck, Herzrhythmusstörungen oder Herz-Kreislauf-Erkrankungen im Frühstadium nahmen an, die Legalität mindere ihr Risiko, was sich durch starken Konsum mitunter sogar verschlimmerte. Dieser vermeintliche Sicherheits-Halo-Effekt, so erkannte er, erstreckte sich über alle Altersgruppen und Bevölkerungsschichten und prägte das Verhalten von jungen Erwachsenen bis hin zu älteren Menschen, die andernfalls vorsichtiger gewesen wären.

Auch in Familien hatte er die Auswirkungen beobachtet. Eltern erlaubten ihren erwachsenen Kindern gelegentlich den Konsum von Marihuana zu Hause und beriefen sich dabei auf die Legalität und die geltenden Gesetze als Beweis für die Sicherheit. Gespräche über die Risiken wurden oft vermieden, da das Vertrauen in die rechtlichen Rahmenbedingungen und die Autorität der Ausgabestellen überschattet war. Die Kinder verinnerlichten diese Haltung, indem sie Legalität mit Harmlosigkeit gleichsetzten und manchmal die Häufigkeit oder die Stärke des Konsums erhöhten, ohne sich der langfristigen Schäden bewusst zu sein.

Selbst die medizinische Fachliteratur hatte Schwierigkeiten, dem Halo-Effekt wirksam entgegenzuwirken. Studien zu den Auswirkungen von legalem Cannabis waren oft komplex, vielschichtig und voller Einschränkungen, die sich nicht ohne Weiteres in virale Social-Media-Beiträge übertragen ließen. Nutzer sahen Schlagzeilen, die die Legalität oder die Vorteile des Freizeitkonsums hervorhoben, ohne die zugrundeliegenden Risikodaten vollständig zu verstehen. Die kognitive Vereinfachung durch die Legalität verdrängte eine sorgfältige Analyse und ließ so subtile, aber schwerwiegende gesundheitliche Folgen unbemerkt entstehen.

Dr. London kam zu dem Schluss, dass das Verständnis des Sicherheits-Halo-Effekts entscheidend für die öffentliche Gesundheit ist. Legalität schützt nicht vor Herz-Kreislauf-Belastungen, Lungenschäden oder THC-induzierten Herzrhythmusstörungen. Der Halo-Effekt erzeugt ein trügerisches Sicherheitsgefühl, das Konsumenten dazu verleitet, Risiken zu unterschätzen, Konsumhäufigkeit und -stärke zu erhöhen und frühe Warnzeichen zu ignorieren. Er wirkt als unsichtbare Kraft, die das Verhalten ebenso stark prägt wie Geschmack, Gewohnheit oder Gruppenzwang, und erfordert gezielte Aufklärung, den Dialog mit Patienten und ein gesteigertes gesellschaftliches Bewusstsein, um ihm entgegenzuwirken.

In den Patientengesprächen betonte er, dass Legalität lediglich ein rechtlicher Status, aber keine medizinische Garantie sei. Laborgeprüfte Produkte könnten zwar Schadstoffe reduzieren, aber weder durch Rauch verursachte Lungenschäden noch THC-bedingte Herzbelastungen verhindern. Patienten wurden angehalten, Häufigkeit, Stärke und ihren persönlichen Gesundheitszustand kritisch zu hinterfragen und zu verstehen, dass verantwortungsvoller Konsum mehr bedeutet als die Einhaltung des Gesetzes – er bedeutet, die Grenzen des Körpers zu erkennen und zu respektieren.

Er erkannte, dass der Sicherheits-Halo-Effekt nicht gänzlich negativ war. Die Legalisierung hatte Strafen reduziert, die Produktregulierung verbessert und die Erforschung der Pharmakologie von Cannabis ermöglicht. Doch die unbeabsichtigte Folge – die falsche Wahrnehmung der Sicherheit in der Öffentlichkeit – war gravierend. Um dem entgegenzuwirken, war es notwendig, Aufklärung mit verständlicher Wissenschaft, überzeugenden Erzählungen und der Unterstützung durch medizinisches Fachpersonal und die Zivilgesellschaft zu verbinden. Das Bewusstsein für den Halo-Effekt könnte Konsumenten befähigen, informierte Entscheidungen zu treffen und die Legalität mit einem realistischen Verständnis der physiologischen Gegebenheiten in Einklang zu bringen.

Dr. London merkte an, dass der Halo-Effekt subtil, allgegenwärtig und anhaltend sei und daher nicht nur von medizinischem Fachpersonal, sondern von der gesamten Gesellschaft Wachsamkeit erfordere. Die Erkenntnis, dass Legalität nicht gleichbedeutend mit Harmlosigkeit ist, sei der erste Schritt zu verantwortungsvollem Umgang, wirksamer Aufklärung der Öffentlichkeit und einem konstruktiven Dialog zwischen Patienten und Ärzten. Nur wenn der Unterschied zwischen rechtlichem Status und biologischen Folgen anerkannt werde, könnten sich Einzelpersonen sicher im modernen Umgang mit Cannabis bewegen – mit Wissen statt mit Annahmen und im Bewusstsein, dass Legalität zwar in vielen Kontexten von Vorteil, aber niemals gleichbedeutend mit Gesundheit sei.

Kapitel 19 – Dampfen, Esswaren, Öle: Sind sie sicherer?

Die Konsumlandschaft von Marihuana hatte sich im letzten Jahrzehnt dramatisch verändert. Das Bild eines selbstgedrehten Joints war nicht mehr das einzige, was den Konsum repräsentierte; stattdessen hatte sich ein breites Spektrum an Konsummethoden entwickelt, jede mit ihren eigenen physiologischen Wirkungen, chemischen Profilen und Risikofaktoren. Dr. London hatte diese Veränderungen nicht nur in der Gesellschaft im Allgemeinen, sondern auch hautnah im Operationssaal und in Patientengesprächen miterlebt. Er wusste, dass die Öffentlichkeit zwar oft annahm, alternative Konsumformen – Verdampfen, Esswaren, Öle – seien grundsätzlich sicherer als Rauchen, die Realität aber weitaus komplexer war.

Das Dampfen wurde anfangs als sauberere Alternative begrüßt. Patienten, insbesondere jüngere Erwachsene, wurden wiederholt versichert, dass das Inhalieren von Dampf anstelle von Rauch Teer, Karzinogene und Lungenreizungen reduziere. Diese Botschaft wurde weitgehend verinnerlicht: Dampf war sicherer, gesünder und moderner. Ein Patient hatte beiläufig erklärt, dass*Er war auf das Dampfen umgestiegen, weil es angeblich schonender für die Lunge sei.*Er glaubte, dass das Fehlen von sichtbarem Rauch bedeutete, dass keine Gefahr bestand. Ein anderer hatte gesagt, dass*Freunde hatten ihm gesagt, das Dampfen habe das Erlebnis „gereinigt"*.Dadurch wird die Vorstellung erzeugt, dass durch das Einatmen von Dampf die bekannten Risiken der herkömmlichen Verbrennung vermieden werden könnten.

Dr. London musste klarstellen, dass das Dampfen zwar einige Aspekte des Rauchens vermeidet, aber eigene, spezifische Gefahren birgt. Die Geräte selbst, die Cannabisöle oder -konzentrate erhitzen, um Dampf zu erzeugen, können innerhalb kurzer Zeit extrem hohe THC-Konzentrationen freisetzen und so die Belastung des Herz-Kreislauf-Systems drastisch erhöhen. Die schnelle Aufnahme über die Lunge führt zu plötzlichen Anstiegen von Herzfrequenz und Blutdruck, ähnlich wie beim Rauchen, manchmal sogar stärker ausgeprägt. Er hatte junge Erwachsene mit Herzrhythmusstörungen, Herzrasen und Angstzuständen beobachtet, die mit intensivem Dampfkonsum zusammenfielen. Ihr Sicherheitsgefühl hatte dazu geführt, dass sie die frühen Warnzeichen erst spät erkannten, was die anhaltende Diskrepanz zwischen angenommenem und tatsächlichem Risiko verdeutlicht.

Darüber hinaus wurde die chemische Zusammensetzung von E-Zigarettenflüssigkeiten oft unterschätzt. Propylenglykol, Glycerin, Aromastoffe und andere Zusatzstoffe wurden verwendet, um ein angenehmes Inhalationsgefühl und einen ansprechenden Geschmack zu erzielen. Obwohl diese Inhaltsstoffe in Lebensmitteln im Allgemeinen als unbedenklich galten, hatte die Inhalation andere physiologische Auswirkungen. Erhitzte Chemikalien konnten sich in reaktive Verbindungen zersetzen, die das Lungengewebe reizten, Entzündungen auslösten und in einigen Fällen zu akuten Lungenschäden führten. Patienten berichteten häufig von Husten, Atemnot und Engegefühl in der Brust nach häufigem Dampfen, obwohl sie glaubten, dass die Abwesenheit von Rauch gleichbedeutend mit Harmlosigkeit sei.

Esswaren stellten eine Reihe anderer Herausforderungen dar. Da die Lunge nicht durch Rauch gereizt wurde, vermieden sie zwar bestimmte pulmonale Risiken, hatten aber aufgrund der verzögerten Absorption und des verlängerten Abbaus starke systemische Wirkungen. Patienten unterschätzten oft die Dosierung, da die Wirkung langsamer eintrat. Dr. London behandelte Personen, die Esswaren in Mengen konsumiert hatten, die beim Rauchen moderat erschienen wären, und die Stunden später eine extreme THC-Vergiftung erlitten. Zu den Symptomen gehörten Herzrasen, niedriger Blutdruck, Angstzustände und in seltenen Fällen Ohnmacht oder Herzrhythmusstörungen. Ein Patient hatte beiläufig erklärt, dass*Er hatte die doppelte empfohlene Dosis eingenommen, weil er „nicht sofort etwas gespürt“ habe.*Dies verdeutlicht die Schwierigkeit, die viele Anwender bei der Abschätzung der effektiven Dosis und der damit verbundenen kardiovaskulären Belastung hatten.

Öle und Tinkturen, konzentrierte Cannabinoid-Extrakte, boten eine weitere Konsumform, die bequem und kontrollierbar erschien. Die Etiketten versprachen präzise Dosierung, gleichbleibende Wirkung und diskrete Anwendung. Diese Eigenschaften machten Öle attraktiv für Anwender, die vorhersehbare Effekte suchten oder die Inhalation gänzlich vermeiden wollten. Dennoch konnten konzentrierte Formen erhebliche Anstiege von Herzfrequenz und Blutdruck verursachen, insbesondere bei Personen mit vorbestehenden Herz-Kreislauf-Erkrankungen. Dr. London beobachtete Patienten, die mit ersten Anzeichen einer Endothelentzündung zur Untersuchung kamen, die häufig mit dem wiederholten Konsum hoher Dosen konzentrierter Öle zusammenhing. Zwar verringerte das Fehlen von Verbrennungsgiften das Risiko für die Lunge, die Belastung des Herz-Kreislauf-Systems blieb jedoch erheblich.

Die Unterscheidung zwischen „sicherer" und „harmlos" war in Dr. Londons Gesprächen von entscheidender Bedeutung. Er betonte gegenüber seinen Patienten, dass der Verzicht auf Rauchen nicht gleichbedeutend mit der Beseitigung physiologischer Belastung sei. Das Herz, erklärte er, bleibe anfällig für THC-induzierte Tachykardie, erhöhten Sauerstoffbedarf des Herzmuskels und Gefäßverengung. Insbesondere junge Erwachsene seien sich oft nicht bewusst, dass ihr häufiges und hochdosiertes Dampfen oder der Konsum von Cannabisprodukten Herzrhythmusstörungen oder plötzliche Herzereignisse auslösen könne. Sie gingen davon aus, dass moderne Konsummethoden von Natur aus schonend seien, und diese Annahme verzögerte häufig die Inanspruchnahme ärztlicher Hilfe.

Chemische Zusätze erschwerten die Wahrnehmung der Sicherheit zusätzlich. E-Zigarettenflüssigkeiten enthielten oft Aromastoffe, die beim Erhitzen Aldehyde und andere Reizstoffe freisetzen konnten. Einige Konsumenten berichteten nach längerem Konsum aromatisierter E-Zigaretten von chronischem Husten, Engegefühl in der Brust oder pfeifenden Atemgeräuschen. Öle zur oralen Einnahme enthielten mitunter Trägerlösungsmittel oder Konservierungsstoffe, die zwar in kleinen Dosen als inert galten, aber Magen-Darm-Beschwerden hervorrufen oder unvorhersehbare Wechselwirkungen mit anderen Medikamenten verursachen konnten. Die Legalität und Regulierung dieser Produkte vermittelte den Konsumenten ein trügerisches Sicherheitsgefühl und bestärkte die Annahme, sie seien völlig unbedenklich.

Ein weiterer entscheidender Faktor war die Wirkstärke. Moderne Konzentrate, Öle und Edibles enthielten oft deutlich höhere THC-Werte als herkömmliche Blüten. Während ein Joint etwa 10 bis 15 Milligramm THC lieferte, konnten Konzentrate oder Edibles in einer einzigen Sitzung 50 Milligramm oder mehr freisetzen. Wiederholter Konsum verstärkte die physiologische Belastung, insbesondere für das Herz-Kreislauf-System. Dr. London hatte Patienten beobachtet, die in dem Bestreben nach einem länger anhaltenden oder intensiveren Erlebnis die Dosis über das hinaus erhöhten, was ihr Körper sicher vertragen konnte. Die verzögerte Wirkung von Edibles führte mitunter zu wiederholtem Konsum innerhalb kurzer Zeit, was gefährlich hohe THC-Plasmakonzentrationen zur Folge hatte.

Dr. London stellte außerdem fest, dass die Art der Anwendung Art und Zeitpunkt der Risiken beeinflusst. Verdampfen und Rauchen führen aufgrund der schnellen Aufnahme über die Lunge zu nahezu sofortigen kardiovaskulären Effekten, während essbare Produkte und Öle eine verzögerte, aber anhaltende systemische Exposition bewirken. Jede Methode birgt ein spezifisches Risikoprofil, dennoch ist die öffentliche Wahrnehmung der Sicherheit oft einheitlich, da viele Konsumenten glauben, alle alternativen Formen seien risikofrei. Er kam zu dem Schluss, dass Aufklärung Präzision erfordert – es muss nicht nur erklärt werden, dass Risiken bestehen, sondern auch, dass die Art des Risikos von der Konsummethode, der Dosierung und der individuellen Physiologie abhängt.

Obwohl E-Zigaretten, Öle und essbare Produkte die Reizung der Atemwege im Vergleich zum Rauchen verringern konnten, ließen sie sich nicht in allen Fällen vollständig vermeiden. Erhitzte Dämpfe bargen weiterhin das Potenzial für Atemwegsreizungen, und das Einatmen hochkonzentrierter Öle konnte Entzündungsreaktionen hervorrufen. Chronisches Dampfen wurde in einigen Berichten mit Fällen akuter Lungenschädigung in Verbindung gebracht, die mitunter so schwerwiegend waren, dass ein Krankenhausaufenthalt erforderlich war. Patienten empfanden diese Berichte oft als widersprüchlich, da die Geräte als modern und umweltfreundlich vermarktet wurden. Dr. London musste ihnen daher sorgfältig erklären, dass der Verzicht auf Verbrennung zwar vorteilhaft, aber keine Garantie für Sicherheit sei. Er betonte wiederholt, wie wichtig die Überwachung persönlicher Gesundheitsindikatoren sei. Blutdruck, Herzfrequenz und kardiovaskuläre Symptome sollten regelmäßig überprüft werden, insbesondere bei Personen mit Vorerkrankungen oder solchen, die hochpotente Produkte verwenden. Viele Konsumenten verließen sich ausschließlich auf ihre subjektive Wahrnehmung – wie „high“ oder entspannt sie sich fühlten – ohne ihre Erfahrung mit physiologischen Stressindikatoren in Verbindung zu bringen. Dieser subjektive Ansatz, so merkte er an, verschleiere oft eine zugrunde liegende kardiovaskuläre Belastung, bis es zu schwerwiegenderen Ereignissen komme.

Eine weitere Komplexitätsebene stellten Toleranz und Abhängigkeit dar. Wiederholter Konsum konzentrierter THC-Produkte konnte zu subtilen Anpassungen der Herz-Kreislauf- und Nervensystemfunktionen führen. Patienten berichteten von einer erhöhten Toleranz, was sie zu Dosiserhöhungen veranlasste. Diese Dosiserhöhung, die oft als normal angesehen wurde, barg versteckte Risiken: Höhere Dosen verstärkten Herzfrequenzspitzen, Gefäßverengung und den Sauerstoffbedarf. Esswaren und Öle, die aufgrund des fehlenden Rauchs als harmlos galten, trugen unbemerkt zur kumulativen Belastung des Herz-Kreislauf-Systems bei.

Dr. London beobachtete auch Fälle von Mehrfachkonsum, bei denen Konsumenten E-Zigaretten, Rauchen und essbare Cannabisprodukte kombinierten. Der Glaube, alternative Konsummethoden seien sicherer, verleitete manche dazu, mehrere Formen gleichzeitig zu verwenden, in der Annahme, das Risiko durch einen Wechsel oder eine Kombination der Methoden zu minimieren. Tatsächlich erhöhte dies die Gesamtbelastung mit THC und anderen Wirkstoffen und verstärkte so den kardiovaskulären und neurologischen Stress. Patienten berichteten oft nicht vollständig und genau über ihr Konsumverhalten und verschleierten so ungewollt das Ausmaß der Belastung vor den Ärzten.

Soziale Wahrnehmungen erschwerten das Verhalten zusätzlich. Freunde und Online-Influencer priesen alternative Konsummethoden häufig als sauber, modern oder gesundheitsorientiert an. Die Nutzer verinnerlichten diese Botschaften und übernahmen neue Methoden, ohne Wirkstärke, Dosierung oder persönliche Verträglichkeit zu prüfen. Ein Patient hatte beiläufig erklärt, dass*Er bevorzugte das Dampfen, weil alle sagten, es sei „gesünder als Rauchen“.*Dennoch litt er wiederholt unter Herzrasen und Angstzuständen. Als Dr. London seine Gewohnheiten überprüfte, wurde deutlich, dass das häufige Verdampfen konzentrierter Öle eine kumulative Belastung des Herzens verursachte, die der des herkömmlichen Rauchens entsprach oder diese sogar überstieg.

Aufklärung blieb von größter Bedeutung. Dr. London betonte, dass das Verständnis des Risikoprofils, der Wirkstärke und der physiologischen Auswirkungen jeder Methode unerlässlich für eine informierte Entscheidung sei. Zwar könnten Verdampfen und der Konsum von Cannabisprodukten einige Schäden reduzieren, doch ersetzten sie nicht die Notwendigkeit von Mäßigung, Selbstkontrolle und Achtsamkeit. Konsumenten müssten erkennen, dass Legalität, Marketing und Empfehlungen Gleichgesinnter das Wissen über kardiovaskuläre und pulmonale Auswirkungen nicht ersetzen könnten.

Um den Unterschied zu verdeutlichen, zog er oft Analogien heran. Rauchen zu vermeiden, erklärte er, sei wie das Tragen eines Helms beim Radfahren: Es reduziere zwar ein bestimmtes Verletzungsrisiko, verhindere aber nicht alle möglichen Unfälle. Esswaren, Öle und Verdampfer reduzierten zwar bestimmte Risiken für die Lunge, brächten aber gleichzeitig neue kardiovaskuläre, neurologische und systemische Risiken mit sich, die Beachtung erforderten. Ein Missverständnis oder eine Unterschätzung dieser Faktoren könne schwerwiegende Folgen haben, selbst bei Menschen, die sich selbst als verantwortungsbewusst oder gesundheitsbewusst betrachteten.

Dr. London betonte zudem, dass die Forschung noch andauere. Langzeitdaten zu hochpotenten Konzentraten, häufigem Verdampfen und dem Konsum von essbaren Produkten lägen noch vor. Erste Hinweise deuteten auf eine Belastung des Herz-Kreislauf-Systems, veränderten Herzrhythmus und mögliche Reizungen der Atemwege hin, doch viele Konsumenten nahmen aufgrund fehlender historischer Daten fälschlicherweise an, es bestehe kein Risiko. Der Nimbus von Modernität und Legalität vermittelte ein Gefühl der Unverwundbarkeit, obwohl der Körper erwartungsgemäß auf chemische und physiologische Belastungen reagierte.

In seiner klinischen Praxis stellte er fest, dass eine informierte Entscheidungsfindung transparente Kommunikation voraussetzt. Patienten mussten verstehen, dass der Verzicht auf Verbrennung zwar einige Risiken verringerte, aber keine absolute Sicherheit bot. THC selbst, unabhängig vom Rauch, konnte die Herzfrequenz beschleunigen, die Blutgefäße verengen und den Sauerstoffbedarf des Herzmuskels erhöhen. Konzentrierte Formen konnten diese Effekte verstärken. Dosierung, Häufigkeit, Art der Anwendung und der individuelle Gesundheitszustand waren allesamt entscheidende Faktoren bei der Risikobewertung.

Dr. London kam schließlich zu dem Schluss, dass alternative Konsummethoden von Cannabis einen komplexen Abwägungsprozess darstellen. Verdampfen und der Verzehr von Cannabisprodukten bieten zwar Vorteile hinsichtlich der geringeren Reizung der Atemwege, bergen aber erhebliche kardiovaskuläre, neurologische und systemische Risiken. Konzentrate und Öle verstärken die Wirkung und erhöhen die Exposition, wodurch potenziell die Wahrscheinlichkeit von Herzrhythmusstörungen, Herzklopfen und Belastungen des Gefäßsystems steigt. Konsumenten sollten diese Methoden mit Bewusstsein, Vorsicht und nach entsprechender Aufklärung anwenden, anstatt anzunehmen, dass moderne, rauchfreie Alternativen gleichbedeutend mit Harmlosigkeit sind.

Er merkte an, dass die öffentliche Wahrnehmung von Sicherheit oft hinter den neuesten wissenschaftlichen Erkenntnissen zurückbleibe. Im Volksglauben galten E-Zigaretten, Öle und essbare Cannabisprodukte als grundsätzlich sicherer, während Ärzte die schleichenden, kumulativen physiologischen Folgen beobachteten. Um diese Lücke zu schließen, bedurfte es nicht nur der Aufklärung der Patienten, sondern auch eines breiteren gesellschaftlichen Bewusstseins. Dabei musste betont werden, dass Mäßigung, Selbstkontrolle und das Verständnis der spezifischen Risiken jeder Methode für die Schadensminimierung unerlässlich seien. Legalität, Marketing und der Reiz der Bequemlichkeit konnten biologische Prozesse nicht auslöschen; sie verschleierten lediglich die Folgen, die sich mitunter jahrelang unbemerkt entwickelten, bevor sie sich klinisch manifestierten.

Dr. London kam zu dem Schluss, dass verantwortungsvoller Konsum, sofern er überhaupt möglich sein soll, mehr als Legalität oder Neuheit erfordert – er erfordert Wissen. Das Wissen um Wirkstärke, Anwendungsmethode, kumulative Exposition und kardiovaskuläre Reaktionen ist entscheidend. Alternative Konsumformen können zwar bestimmte pulmonale Risiken reduzieren, bringen aber neue und mitunter verstärkte kardiovaskuläre Herausforderungen mit sich. Für Konsumenten wie Ärzte liegt der Schlüssel darin zu verstehen, dass moderne Konsumformen nicht risikofrei sind und Wachsamkeit, Mäßigung und Aufklärung die verlässlichsten Mittel bleiben, um sich in der zunehmend komplexen Cannabislandschaft zurechtzufinden.

Kapitel 20 – Für alle, die aufgeben wollen: Ein Aktionsplan eines Herzchirurgen

Die Entscheidung, mit dem Marihuanakonsum aufzuhören, fiel selten spontan. Dr. London hatte beobachtet, dass seine Patienten mit einer Mischung aus Entschlossenheit, Zweifeln und Besorgnis zu ihm kamen. Manche hatten jahrelang gekämpft, der Konsum war fester Bestandteil ihres Alltags und ihrer sozialen Rituale geworden. Andere hatten die Warnzeichen wie Herz-Kreislauf-Belastung, Engegefühl in der Brust oder anhaltenden Husten erkannt und schließlich verstanden, dass ihr Körper ihnen signalisierte, dass eine Veränderung nötig war. Die Herausforderung, erklärte er, sei keine moralische Schwäche oder ein Versagen, sondern eine Frage der Physiologie, der Gewohnheit und der Unterstützung. Aufhören sei ein Prozess, und der Weg zum Erfolg erfordere Strategie, Geduld und realistische Erwartungen.

Er begann die Beratungsgespräche oft damit, die Schwierigkeiten des Weges anzuerkennen. Den Patienten wurde versichert, dass Abhängigkeit – sowohl psychische als auch physische – weit verbreitet und kein Zeichen persönlichen Versagens sei. Viele hatten gesellschaftliche Mythen verinnerlicht, wonach Marihuana harmlos sei, und die Konfrontation mit der Realität potenzieller Herz- und Lungenschäden konnte emotional sehr belastend sein. Ein Patient hatte passiv zugegeben, dass*Er plagten Schuldgefühle, weil er jahrelang geraucht hatte, aber er hatte auch Angst davor, was sein Körper möglicherweise alles mitgemacht hatte.*Dr. London hatte betont, dass der erste Schritt Bewusstsein und nicht Verurteilung sei. Das Verständnis der Folgen gewohnheitsmäßigen Konsums und der Wunsch nach Veränderung bildeten eine Grundlage, auf der praktische Strategien entwickelt werden konnten.

Die erste Phase, erklärte er, sei die Selbsteinschätzung. Die Patienten wurden ermutigt, ihr Konsumverhalten zu analysieren: Häufigkeit, Dosierung, bevorzugte Konsummethode und Kontext. Einige hatten jahrzehntelang täglich geraucht, während andere erst kürzlich auf hochpotente Konzentrate oder das Verdampfen umgestiegen waren. Eine genaue Selbsteinschätzung ermöglichte es den Nutzern, risikoreiches Verhalten, Phasen erhöhter Anfälligkeit und Auslöser für den Konsum zu identifizieren. Ein Patient hatte beiläufig bemerkt, dass*Er rauchte hauptsächlich abends, um nach der Arbeit zu entspannen.*Dies offenbarte sowohl ein Muster als auch eine Möglichkeit zum Eingreifen. Das Verständnis der eigenen Gewohnheiten war entscheidend, da es die Momente aufzeigte, die Planung und Unterstützung erforderten.

Als Nächstes ging es darum, erreichbare Ziele zu setzen. Dr. London riet seinen Patienten, den Rauchstopp gegebenenfalls schrittweise anzugehen. Ein abrupter Entzug könne Entzugserscheinungen wie Reizbarkeit, Schlafstörungen, Angstzustände und Suchtverlangen hervorrufen, die den Erfolg gefährden könnten, wenn man nicht darauf vorbereitet sei. Für manche ermöglichte eine allmähliche Reduzierung die Anpassung von Körper und Geist und senkte so das Rückfallrisiko. Er erinnerte seine Patienten oft daran, dass Mäßigung und Fortschritt besser seien als Perfektion. Ein Patient hatte dies beiläufig erklärt:*Sein Ziel war es, den Konsum schrittweise zu reduzieren, anstatt ihn abrupt einzustellen.*Dies demonstrierte einen pragmatischen Ansatz, der sowohl physiologische als auch psychologische Gegebenheiten respektierte.

Die Aufklärung spielte eine entscheidende Rolle bei der Vorbereitung auf den Entzug. Die Patienten wurden darüber informiert, was sie erwartet und wie sie die körperlichen Reaktionen deuten sollten. Schlafstörungen, Stimmungsschwankungen und gelegentliches Verlangen wurden nicht als Versagen, sondern als normale, vorübergehende Anpassungen dargestellt. Dr. London hob hervor, dass das Herz-Kreislauf-System oft innerhalb weniger Wochen nach der Reduzierung oder dem vollständigen Verzicht auf Cannabis positiv reagierte, mit Normalisierung der Herzfrequenz, Verbesserung des Blutdrucks und verringerter Belastung. Das Erleben spürbarer Verbesserungen stärkte die Motivation und machte die abstrakte Vorstellung von Risiko greifbarer.

Verhaltensstrategien wurden im gesamten Prozess betont. Die Identifizierung von Auslösern und die Entwicklung von Bewältigungsmechanismen waren Schlüsselelemente. Die Patienten wurden ermutigt, den gewohnheitsmäßigen Konsum durch gesündere Alternativen zu ersetzen – Sport, Meditation, kreative Betätigung oder soziale Aktivitäten, die sich nicht um Marihuana drehten. Ein Patient hatte beiläufig angemerkt, dass*Statt nach der Arbeit zu rauchen, unternahm er abends Spaziergänge.*Dies half, Stress abzubauen und Heißhungerattacken zu reduzieren. Eine andere Studie ergab, dass das Führen eines Tagebuchs ein Ventil für Reflexion und emotionale Verarbeitung bot und das gewohnte Ritual des Einatmens durch achtsame Aufmerksamkeit ersetzte.

Unterstützungsnetzwerke waren unerlässlich. Dr. London erinnerte die Patienten oft daran, dass der Ausstieg leichter fiel, wenn man ihn mit verständnisvollen Freunden, der Familie oder professionellen Gruppen teilte. Unterstützung und gegenseitige Verantwortung reduzierten die Isolation und stärkten die Motivation. Die Patienten wurden an Beratungsangebote, Gruppentherapien oder Online-Communities herangeführt, die speziell für die Cannabis-Entwöhnung entwickelt worden waren. Ein Patient hatte beiläufig erklärt, dass*Er schloss sich einer lokalen Selbsthilfegruppe an, die ihm half, seine Schwierigkeiten zu normalisieren und Strategien für seinen weiteren Weg aufzuzeigen.*Soziale Verstärkung ermöglichte es den Menschen, sich in schwierigen Momenten verbunden, bestätigt und ermutigt zu fühlen.

Er ging auch auf Umweltfaktoren ein. Das Entfernen von Utensilien – E-Zigaretten, Esswaren, Zigarettenpapier und Rauchgeräte – aus dem Alltag minimierte die Versuchung und reduzierte die Auslöser für gewohnheitsmäßigen Konsum. Patienten wurden ermutigt, ihre Routinen zu ändern und Situationen zu vermeiden, in denen Cannabis eine zentrale Rolle für soziale Interaktion oder Stressabbau spielte. Ein Patient hatte beiläufig bemerkt, dass*Er hat seine Wohnung umgeräumt, um seine Konsumutensilien außer Sichtweite zu halten.*wodurch impulsiver Konsum reduziert und neue Gewohnheiten gefestigt wurden.

Professionelle Beratung wurde dringend für Personen mit starker Abhängigkeit oder Begleiterkrankungen empfohlen. Dr. London erklärte, dass Kardiologen, Hausärzte und Psychiater die medizinische Betreuung übernehmen, die Herzfunktion überwachen und individuelle Strategien anbieten könnten. In manchen Fällen half eine medikamentöse Unterstützung, Entzugserscheinungen zu lindern oder Angstzustände und Schlafstörungen zu behandeln. Den Patienten wurde versichert, dass die Suche nach Hilfe kein Zeichen von Schwäche, sondern ein sinnvoller Schritt hin zu langfristigem Erfolg sei.

Lebensstiländerungen waren ein weiterer Eckpfeiler. Bewegung wurde aufgrund ihrer doppelten Vorteile hervorgehoben: Stressabbau und Verbesserung der Herz-Kreislauf-Belastbarkeit. Patienten wurden ermutigt, Ausdauertraining, Krafttraining oder Yoga zu betreiben, abgestimmt auf ihr Fitnesslevel und ihren Gesundheitszustand. Die verbesserte Herz-Kreislauf-Fitness milderte nicht nur die Belastung durch den vorherigen Marihuanakonsum, sondern lieferte auch konkrete Beweise für die körperliche Genesung und bestärkte so die Motivation zur Abstinenz. Es wurden auch Ernährungsberatungen angeboten, die Lebensmittel hervorhoben, die die Herzgesundheit und die Gefäßfunktion unterstützen. Ein Patient hatte beiläufig erklärt, dass*Er begann, sich auf eine ausgewogene Ernährung mit viel Gemüse, magerem Eiweiß und gesunden Fetten zu konzentrieren.*was seine Bemühungen um den Verzicht auf Alkohol ergänzte und sein allgemeines Wohlbefinden förderte.

Eine gute Schlafhygiene wurde während des Entzugsprozesses als entscheidend hervorgehoben. Viele Patienten berichteten nach der Reduzierung oder dem vollständigen Verzicht auf Cannabis von anfänglicher Schlaflosigkeit oder Schlafstörungen. Dr. London empfahl regelmäßige Schlafenszeiten, die Begrenzung der Bildschirmzeit vor dem Schlafengehen und Entspannungstechniken wie Tiefenatmung oder progressive Muskelentspannung. Die proaktive Behandlung von Schlafproblemen verringerte das Rückfallrisiko und trug dazu bei, Energie und Stimmungsregulation wiederherzustellen, die während des Entzugs häufig beeinträchtigt waren.

Achtsamkeits- und Stressbewältigungstechniken wurden als praktische Hilfsmittel eingeführt. Die Patienten lernten, Verlangen zu erkennen, ohne ihm nachzugeben, physiologische Reaktionen wie erhöhten Puls oder Anspannung zu beobachten und Bewältigungsstrategien anzuwenden. Meditation, geführte Visualisierungen und Atemübungen wurden in den Alltag integriert. Ein Patient hatte beiläufig erklärt, dass*Um Stress abzubauen, übte er jeden Abend fünf Minuten lang tiefes Atmen.*Diese Techniken ersetzten die gewohnte Abhängigkeit von Marihuana als Bewältigungsmechanismus. Mit der Zeit wurden sie zur Gewohnheit und boten alternative Wege zur Bewältigung von emotionalem und physiologischem Stress.

Die Fortschrittskontrolle war ein weiteres Motivationsinstrument. Die Patienten wurden ermutigt, ihren Konsum, ihr Verlangen nach bestimmten Lebensmitteln, ihre Stimmung und körperliche Symptome zu dokumentieren. Verbesserungen, selbst kleine, bestärkten sie in ihren Bemühungen. Ein Patient hatte beiläufig vermerkt, dass*Er protokollierte täglich seine Herzfrequenz und Schlafqualität.*Dies zeigte stetige Verbesserungen und bestärkte ihn in seinem Entschluss. Objektive Beweise für seine Genesung halfen, verbleibende Zweifel an den Folgen des Aufhörens auszuräumen und gaben ihm neuen Mut, als seine Motivation nachließ.

Der Rückfall wurde als Teil des Prozesses und nicht als Versagen betrachtet. Dr. London betonte, dass Rückschläge häufig vorkämen und als Lernerfahrungen genutzt werden sollten. Die Patienten wurden ermutigt, Auslöser zu analysieren, Strategien anzupassen und sich ohne Wertung erneut zu engagieren. Ein Patient hatte beiläufig erklärt, dass*Nach einem stressigen Abend rauchte er einmal, kehrte aber am nächsten Tag zu seinem strukturierten Plan zurück.*Dies unterstreicht die Bedeutung von Resilienz und kontinuierlichem Einsatz. Die Normalisierung von Rückfällen reduzierte Schamgefühle und verbesserte die langfristige Einhaltung der Abstinenzziele.

Die Aufklärung über die langfristigen Vorteile wirkte motivierend. Den Patienten wurde verdeutlicht, dass sich Herz-Kreislauf- und Lungenfunktion bereits wenige Wochen nach dem Rauchstopp erholen können – mit sinkender Herzfrequenz, verbesserter Sauerstoffversorgung und abnehmenden Entzündungen. Lungenkapazität und Arterienfunktion verbesserten sich oft über Monate hinweg, und Ausdauer und Energie nahmen zu. Diese positiven Veränderungen bestärkten die Patienten in der Überzeugung, dass der Rauchstopp nicht nur der Vermeidung von Schäden diente, sondern ein aktiver Weg zur Genesung und einer verbesserten Lebensqualität war.

Dr. London betonte außerdem den Wert personalisierter Behandlungspläne. Jeder Patient habe individuelle Auslöser, Konsummuster und gesundheitliche Besonderheiten. Die Pläne würden an die jeweiligen Umstände angepasst, unter Berücksichtigung von Alter, kardiovaskulärem Risiko, Lebensstil und psychologischen Faktoren. Er hob hervor, dass kein einheitlicher Ansatz für alle Patienten passe und dass Flexibilität und Anpassungsfähigkeit entscheidend für einen nachhaltigen Erfolg seien. Ein Patient hatte beiläufig erklärt, dass*Sein Plan konzentrierte sich auf eine schrittweise Reduzierung durch tägliche Achtsamkeitsübungen und wöchentliche Unterstützungssitzungen.*Dies spiegelte einen individuellen Ansatz wider, der seinen Bedürfnissen und Vorlieben entsprach.

Bei einigen Patienten ging die professionelle Betreuung über den Rauchstopp hinaus. Regelmäßige Herz-Kreislauf-Untersuchungen, Lungenfunktionstests und Nachsorgetermine gaben Aufschluss über den Genesungsfortschritt. Die Patienten konnten konkrete Verbesserungen erkennen, was die Therapietreue stärkte und die physiologischen Vorteile einer anhaltenden Abstinenz verdeutlichte. Diese objektiven Messungen ergänzten die subjektiven Erfahrungen und schufen so ein umfassendes Verständnis der gesundheitlichen Vorteile.

Die Einbindung von Familie und Umfeld war ebenfalls entscheidend. Offene Kommunikation mit unterstützenden Freunden oder Verwandten half den Patienten, soziale Situationen zu bewältigen, den Rückfalldruck zu verringern und die Verantwortung für ihre Maßnahmen zu übernehmen. Ein Patient hatte beiläufig erklärt, dass*Sein Partner unterstützte ihn, indem er in gemeinsam genutzten Räumen auf Marihuana verzichtete.*Dies verringerte die Versuchung und stärkte seine Entschlossenheit. Die Einbindung sozialer Unterstützung in die Bemühungen zur Raucherentwöhnung verstärkte positives Verhalten und förderte den langfristigen Erfolg.

Darüber hinaus regte Dr. London die Patienten zur Reflexion über ihre Beweggründe an. Sie wurden gebeten, zu überlegen, warum sie mit dem Rauchen aufhören wollten – ob zum Schutz der Herzgesundheit, zur Verbesserung der Lungenfunktion, zur Reduzierung von Ängsten oder um die Kontrolle über ihr Leben zurückzugewinnen. Die Klärung der Beweggründe schuf intrinsische Motivation und einen Rahmen für die Entscheidungsfindung in schwierigen Momenten. Ein Patient hatte beiläufig erklärt, dass*Er wollte vor allem aufhören, um die Belastung seines Herzens zu reduzieren.*was einen klaren und überzeugenden Grund lieferte, die Anstrengungen trotz gelegentlicher Gelüste aufrechtzuerhalten.

Abschließend betonte Dr. London, dass der Rauchstopp ein Prozess und kein einmaliges Ereignis sei. Fortschritte würden in Tagen, Wochen und Monaten gemessen, wobei die kumulativen Verbesserungen die Motivation stärkten. Die Patienten wurden daran erinnert, dass selbst eine teilweise Reduzierung gesundheitliche Vorteile mit sich bringe, dass kontinuierliche Anstrengung wichtiger sei als Perfektion und dass Unterstützungssysteme – medizinischer, sozialer und verhaltensbezogener Art – unerlässliche Hilfsmittel in diesem Prozess darstellten. Der Akt des Rauchstopps, erklärte er, sei sowohl eine praktische als auch symbolische Rückgewinnung von Gesundheit, Autonomie und Wohlbefinden.

Er schloss die Beratungsgespräche mit ermutigenden und beruhigenden Worten ab. Die Patienten wurden daran erinnert, dass eine Genesung möglich sei, dass sich der Körper mit der Zeit regenerieren könne und dass jeder Schritt in Richtung Suchtbekämpfung bedeutsam sei. Ein Patient hatte beiläufig erklärt, dass*Er fühlte sich bestärkt, da es einen strukturierten, evidenzbasierten Plan gab, der ihm beim Aufhören helfen sollte.*Er hob den psychologischen Nutzen eines klaren, unterstützenden Rahmens hervor. Beim Aufhören, so erkannte er, ging es weniger um Abstinenz allein, sondern vielmehr darum, die Kontrolle über die eigene Gesundheit zurückzugewinnen, Risiken zu verstehen und informierte, nachhaltige Entscheidungen zu treffen.

Dr. London betonte, dass seine Rolle über chirurgische Eingriffe oder klinische Beobachtung hinausging. Die Begleitung der Patienten beim Rauchstopp war eine präventive Maßnahme, ein Akt der Selbstbestimmung und ein entscheidender Schritt zur Reduzierung des langfristigen kardiovaskulären und pulmonalen Risikos. Durch die Kombination von Aufklärung, Verhaltensstrategien, sozialer Unterstützung und individueller Planung konnten die Patienten den Entzug bewältigen, die Abhängigkeit überwinden und dauerhafte gesundheitliche Vorteile erzielen. Dieser Weg erforderte Engagement, Geduld und Verständnis, war aber durchaus möglich – und zutiefst transformierend.

Zum Schluss erinnerte er die Patienten freundlich, aber bestimmt daran, dass der Verzicht auf oder die Reduzierung von Marihuana kein Schuldeingeständnis an vergangene Entscheidungen sei, sondern ein aktiver Schritt in Richtung einer gesünderen Zukunft. Jeder Einzelne habe die Fähigkeit, die Kontrolle über seinen Körper zurückzugewinnen, Herz-Kreislauf-Belastung zu reduzieren, die Lungenfunktion wiederherzustellen und ein gesteigertes Wohlbefinden zu erfahren. Der Plan sei im Prinzip einfach, in der Umsetzung jedoch vielschichtig: Bewusstsein, Vorbereitung, Unterstützung und Beharrlichkeit. Diejenigen, die ihn annahmen, so Dr. London, blickten selten zurück, und ihre Herzen und Lungen, die allmählich von der Belastung durch chronischen Marihuanakonsum befreit wurden, belohnten die Anstrengung stillschweigend.

Kapitel 21 – Gespräche mit Teenagern und Angehörigen: Ein praktischer Kommunikationsleitfaden

Gespräche über Marihuana waren selten einfach, selbst bei besten Absichten. Dr. London hatte unzählige Familien, Partner und Betreuer beobachtet, die Schwierigkeiten hatten, effektiv über die Risiken des regelmäßigen Konsums zu sprechen. Missverständnisse, Gruppenzwang und kulturelle Narrative trübten oft das Urteilsvermögen und führten zu Widerstand, Abwehrhaltung oder Ablehnung. In seiner jahrzehntelangen Praxis hatte er gelernt, dass effektive Kommunikation Vorbereitung, Einfühlungsvermögen und Klarheit erfordert. Es ging nicht darum, zu belehren oder Angst zu schüren, sondern darum, sachliche und nachvollziehbare Informationen zu vermitteln und dabei Vertrauen und einen offenen Dialog zu fördern.

Eltern, insbesondere solche mit Teenagern, empfanden diese Gespräche oft als besonders schwierig. Die Adoleszenz war eine Zeit des Experimentierens, der Identitätsfindung und des Risikoverhaltens. Viele Jugendliche hatten bereits die gesellschaftliche Botschaft verinnerlicht, dass Marihuana harmlos, natürlich oder sogar vorteilhaft sei. Ein Elternteil hatte beiläufig erklärt, dass*Ihr Sohn lachte, als sie versuchte, ihm die Herzrisiken zu erklären, und sagte, dass in der Schule ja jeder rauche.*Dies verdeutlicht den allgegenwärtigen Einfluss der Peer-Kultur. Dr. London betonte, dass der erste Schritt darin bestehe, die Perspektive des Jugendlichen zu verstehen und seine Erfahrungen anzuerkennen, ohne riskantes Verhalten zu billigen. Ein ruhiger, wertfreier Tonfall trug dazu bei, eine sofortige Ablehnung der Botschaft zu verhindern und ermöglichte es, Informationen offen aufzunehmen.

Es war entscheidend, das Gespräch mit Fakten statt mit Annahmen zu beginnen. Die Erklärung, dass der Körper, insbesondere Herz und Lunge, durch Marihuanakonsum spürbarem Stress ausgesetzt sein kann, trug dazu bei, die Diskussion von Meinungen hin zu beobachtbaren Fakten zu lenken. Einem Elternteil war geraten worden, das Thema auf die Gesundheit statt auf Moral zu fokussieren, und er sagte passiv, dass*Ziel war es nicht, zu bestrafen oder Angst zu verbreiten, sondern zu erklären, wie THC und Rauch die Herzfrequenz und die Sauerstoffversorgung beeinflussen.*Durch konkrete Beispiele, wie ein erhöhtes Herzinfarktrisiko oder Anzeichen von Lungenreizungen, wurden abstrakte Risiken greifbar. Jugendliche, so stellte er fest, reagierten besser auf wissenschaftliche, nachvollziehbare Erklärungen mit Bezug zu realen Konsequenzen als auf vage Warnungen.

Ebenso wichtig war der Zeitpunkt. Dr. London beobachtete, dass Gespräche effektiver waren, wenn sie in ruhigen, neutralen Momenten stattfanden, anstatt während Konflikten oder unmittelbar nach der Entdeckung des Konsums. Die Mutter eines Patienten hatte passiv erklärt, dass*Nachdem sie das Interesse ihres Sohnes am Dampfen bemerkt hatte, wählte sie einen Wochenendnachmittag für das Gespräch, anstatt ihn nach der Schule wütend zur Rede zu stellen.*Durch die Vorbereitung auf das Gespräch, das Vorwegnehmen möglicher Fragen und das Bewahren von Geduld konnte ein kontrollierter Austausch stattfinden, bei dem die Informationen in Ruhe aufgenommen werden konnten. Aktives Zuhören war entscheidend für den Erfolg. Jugendliche und ihre Angehörigen mussten sich gehört und verstanden fühlen. Dr. London ermutigte Familienmitglieder, einander einzuladen, ihre Erfahrungen und Wahrnehmungen ungestört mitzuteilen. Ein Jugendlicher hatte passiv erklärt, dass*Er schätzte es, nach seinen Gründen für die Experimente gefragt zu werden, anstatt einfach nur gerügt zu werden.*Dies förderte die Bereitschaft, im Gegenzug medizinische Sichtweisen anzuhören. Die Anerkennung der Beweggründe – Stressabbau, soziale Akzeptanz, Neugier – bestätigte die Gefühle und schuf gleichzeitig eine Grundlage für die Präsentation sachlicher Informationen.

Ein weiterer wichtiger Grundsatz war, Angstbotschaften zu vermeiden. Dr. London merkte an, dass übertriebene Drohungen oft kontraproduktiv seien und Widerstand oder Skepsis auslösten. Insbesondere Jugendliche erkannten schnell, wenn Behauptungen übertrieben oder nicht durch Beweise gestützt waren. Stattdessen empfahl er, messbare, wissenschaftlich belegte Ergebnisse darzustellen: Veränderungen der Herzfrequenz, Auswirkungen auf den Blutdruck, Reizungen der Lunge und potenzieller langfristiger Herz-Kreislauf-Stress. Ein Elternteil hatte beiläufig erklärt, dass*Sie hob hervor, dass chronischer Gebrauch das Risiko eines Herzinfarkts erhöhen und die Lungenfunktion verringern könne.*Die Diskussion sollte auf beobachtbaren physiologischen Konsequenzen und nicht auf moralischen Urteilen basieren.

Analogien trugen oft zum Verständnis bei. Dr. London nutzte Vergleiche zwischen alltäglichen Gewohnheiten und deren physiologischen Folgen, um Angehörigen zu helfen, abstrakte Risiken mit vertrauten Erfahrungen in Verbindung zu bringen. Der Vergleich der Belastung des Herzens durch häufigen Marihuanakonsum mit einem täglichen Marathonlauf verdeutlichte beispielsweise die kumulative Belastung, ohne Angst auszulösen. Ein Teenager hatte passiv erklärt, dass*Er konnte sich vorstellen, wie sein Herz stärker arbeiten musste, was die Risiken greifbarer machte als jede Statistik allein.*Durch die Verwendung einer Sprache, die medizinische Konzepte mit Alltagserfahrungen verknüpfte, wurden Informationen einprägsam und umsetzbar.

In allen Gesprächen wurde Wert auf Klarheit und Präzision gelegt. Begriffe wie „Rauch", „THC", „Vasokonstriktion" und „kardiovaskuläre Belastung" wurden verständlich erklärt, um medizinische Fachsprache zu vermeiden, die den Zuhörer verwirren oder abschrecken könnte. Dr. London ermutigte die Angehörigen, die Informationen in verständlichen Abschnitten zu präsentieren und zwischendurch nachzufragen, um das Verständnis zu überprüfen und Fragen zu beantworten. Ein Patient hatte passiv erklärt, dass*Ihre Tochter nickte langsam, während ihr jedes Konzept erklärt wurde, was zeigte, dass das Verständnis Geduld und Wiederholung erforderte.*Die Aufteilung von Informationen in klare, nachvollziehbare Einheiten erhöhte die Merkfähigkeit und verringerte die Abwehrhaltung.

Die Einordnung der Risiken in einen Kontext war entscheidend. Jugendliche verglichen Marihuana oft mit Alkohol oder Tabak und nahmen an, es sei gleichwertig oder harmlos. Dr. London riet den Familienmitgliedern, Ähnlichkeiten und Unterschiede aufzuzeigen und sich dabei auf die kardiovaskulären und pulmonalen Folgen zu konzentrieren. Ein Elternteil hatte beiläufig erklärt, dass*Sie verglich die Reizung der Lunge durch Rauch mit dem, was eine Person im Laufe der Zeit in einem verrauchten Raum erleben würde.*Die kumulativen Auswirkungen wurden in einem nachvollziehbaren Szenario veranschaulicht. Der Kontext trug dazu bei, die Besorgnis zu normalisieren, ohne sie zu übertreiben, und zeigte, dass die Diskussion auf Fakten und nicht auf Ideologie basierte.

Die Stärkung der Entscheidungsfähigkeit war ein weiterer Bestandteil effektiver Kommunikation. Dr. London betonte, dass es in Gesprächen nicht darum ginge, Verhalten zu befehlen, sondern Angehörige mit Wissen auszustatten, damit diese informierte Entscheidungen treffen können. Jugendliche, Partner oder ältere Menschen reagierten positiver, wenn ihnen Optionen wie Mäßigung, Strategien zum Ausstieg oder alternative Stressbewältigungsmechanismen aufgezeigt wurden. Ein Jugendlicher hatte passiv erklärt, dass*Er fühlte sich selbstbestimmter, da er den Konsum reduzieren konnte, anstatt zum sofortigen Aufhören gezwungen zu werden.*Dies beweist, dass Empowerment die Empfänglichkeit fördert.

Strategien zum Umgang mit Widerstand oder Skepsis wurden ebenfalls behandelt. Dr. London hatte beobachtet, dass anfänglicher Widerstand häufig vorkam, insbesondere bei Gleichaltrigen, die von sozialen Medien, Freunden oder der Popkultur beeinflusst waren. Ruhiges Reagieren, das Anerkennen unterschiedlicher Meinungen und das Zurückführen auf Fakten erwiesen sich als wirksamer als Argumente oder Ultimaten. Ein Patient hatte passiv erklärt, dass*Er hörte sich zunächst die Ansichten seiner Partnerin zum Thema „sicheres" Dampfen an und erklärte ihr dann behutsam die möglichen Auswirkungen auf das Herz-Kreislauf-System.*Dies förderte das Verständnis statt der Konfrontation. Durch das Bewahren von Ruhe, Empathie und Geduld blieben die Gespräche produktiv.

Visuelle Hilfsmittel und Erzählungen förderten das Verständnis. Dr. London hatte beobachtet, wie Eltern und Betreuer Diagramme, Videos oder kurze Fallbeispiele nutzten, um die Belastung des Herzens, Veränderungen der Lunge oder die Wirkung von THC auf das Herz-Kreislauf-System zu veranschaulichen. Ein Patient hatte passiv erklärt, dass*Sie zeigte ihrem Sohn im Teenageralter eine Illustration, die gesunde Lungen mit solchen verglich, die durch Rauchbelastung geschädigt waren.*Dies half dabei, abstrakte Risiken in ein konkretes Bild zu übersetzen. Berichte anonymisierter Patienten dienten einem ähnlichen Zweck, indem sie medizinisches Wissen ohne Sensationsgier in realen Erfahrungen verankerten.

Die Anregung zur Reflexion über persönliche Werte und Ziele erwies sich als weiterer wirksamer Ansatz. Jugendliche und Erwachsene wurden gebeten, zu überlegen, inwiefern der Marihuanakonsum mit ihren Zielen, ihrer sportlichen Leistung, ihrer geistigen Klarheit oder ihrer langfristigen Gesundheit vereinbar ist. Ein Patient hatte beiläufig erklärt, dass*Er überlegte, wie sich der regelmäßige Konsum auf seine Ausdauer im Sport und seine Konzentrationsfähigkeit in der Schule auswirkte.*Dadurch wurde eine intrinsische Motivation geschaffen, Konsumentscheidungen zu hinterfragen. Die Verknüpfung medizinischer Fakten mit persönlichen Prioritäten machte die Diskussion relevant und handlungsorientiert.

Bei älteren Erwachsenen unterschieden sich die Kommunikationsstrategien zwar leicht, basierten aber auf ähnlichen Prinzipien: Respekt, Klarheit und Empathie. Viele ältere Konsumenten hatten feste Gewohnheiten, soziale Rituale oder Bewältigungsstrategien im Zusammenhang mit Cannabis entwickelt. Dr. London hatte Angehörigen geraten, diese Gespräche einfühlsam zu führen, die wahrgenommenen Vorteile anzuerkennen und gleichzeitig medizinische Erkenntnisse einzubringen. Ein Angehöriger hatte beiläufig erklärt, dass*Sie befragte ihren Vater zu seinem Konsum und teilte ihm anschließend respektvoll und sachlich Informationen über die Belastung des Herzens und die Reizung der Lunge mit.*was den Dialog anstelle der Konfrontation förderte.

Konstanz und Nachfassaktionen verstärkten die Botschaften. Gespräche waren selten in einem einzigen Treffen zielführend. Dr. London empfahl, Themen regelmäßig wieder aufzugreifen, neue Fragen zu klären und Kernpunkte wertfrei zu bekräftigen. Ein Elternteil hatte passiv erklärt, dass*Sie vereinbarte wöchentliche Gespräche, um über Gesundheit und Bewältigungsstrategien zu sprechen und so einen fortlaufenden Dialog anstelle einer einmaligen Ermahnung zu ermöglichen.*Dadurch wurden Bewusstsein und Aufgeschlossenheit gefördert. Im Laufe der Zeit stärkte die kontinuierliche Auseinandersetzung das Verständnis und die Verinnerlichung der Gesundheitsrisiken.

Das Vorbildverhalten war ein weiteres wirksames Mittel. Eltern und Partner, die gesunde Bewältigungsstrategien, Stressmanagement und Mäßigung in ihren eigenen Gewohnheiten vorlebten, schufen ein Umfeld, das informierte Entscheidungen förderte. Ein Teenager hatte beiläufig erklärt, dass*Als sie sah, dass ihr älteres Geschwisterkind nach der Schule Sport dem Dampfen vorzog, inspirierte sie das, ihre eigenen Gewohnheiten zu überdenken.*Dies veranschaulicht die Wirkung von beobachtbarem Vorbildverhalten. Das Aufzeigen von Alternativen verstärkte die Botschaft und bot praktische Wege zur Verhaltensänderung.

Dr. London betonte, wie wichtig es sei, Erfolge anzuerkennen, selbst wenn sie noch so klein sind. Wenn ein Teenager die Häufigkeit reduzierte, hochpotente Produkte mied oder alternative Stressbewältigungsmethoden anwandte, ermutigte positive Bestärkung ihn zu weiteren Anstrengungen. Das Lob bezog sich auf die Anstrengung und die bewusste Entscheidung, nicht auf Moral oder Wertung. Ein Patient hatte beiläufig erklärt, dass*Ihre Mutter gratulierte ihr dazu, dass sie sich auf einer Party für die risikoärmere Option entschieden hatte, was ihre Entscheidungsfähigkeit bestärkte.*Hervorhebung der Rolle der Verstärkung bei der Aufrechterhaltung von Verhaltensänderungen.

Bei Bedarf wurde professionelle Hilfe empfohlen. Familientherapeuten, Berater oder auf Sucht oder Verhaltensmedizin spezialisierte Ärzte konnten strukturiertere Gespräche ermöglichen, präzise medizinische Informationen bereitstellen und Verhaltensänderungen unterstützen. Dr. London hatte beobachtet, dass die Einbeziehung einer neutralen Fachkraft manchmal festgefahrene Situationen auflöste, Bedenken bestätigte und Strategien aufzeigte, die Familienmitglieder allein nicht umsetzen konnten. Ein Patient hatte passiv erklärt, dass*Das gemeinsame Treffen mit einer Beraterin und ihrem Teenager half beiden Parteien, effektiver zu kommunizieren.*was das gegenseitige Verständnis und Vertrauen beschleunigte.

Schließlich wurden Geduld und Realismus betont. Veränderungen geschehen selten über Nacht. Widerstand, Experimentieren und Rückschläge sind normale Bestandteile des Prozesses. Dr. London ermutigte die Familienmitglieder, die Dinge im richtigen Verhältnis zu sehen, Fortschritte zu feiern und weiterhin sachliche und einfühlsame Unterstützung zu bieten. Ein Elternteil hatte beiläufig erklärt, dass*Sie akzeptierte, dass ihr Sohn möglicherweise weiterhin gelegentlich konsumieren würde, blieb aber entschlossen, ihn über die gesundheitlichen Folgen aufzuklären.*wodurch der Dialog aufrechterhalten und eine fundierte Entscheidungsfindung gefördert wurde.

Dr. London kam schließlich zu dem Schluss, dass eine wirksame Kommunikation über die Risiken von Cannabis Vorbereitung, Einfühlungsvermögen und Klarheit erfordert. Ziel war es, Angehörigen korrekte Informationen, praktische Alternativen und die nötige Unterstützung für eine informierte Entscheidung zu bieten. Jugendliche, Partner und ältere Erwachsene reagierten gleichermaßen am besten auf ruhige, sachliche, geduldige und wertfreie Gespräche. Beispiele aus dem Alltag, klare Erklärungen und aktives Zuhören schufen Verständnis, reduzierten Abwehrhaltungen und ermöglichten eine informierte Entscheidungsfindung. Familien, die diese Prinzipien beherzigten, erlebten oft einen anhaltenden Dialog, gestärktes Vertrauen und bessere Gesundheitsergebnisse – ein Beleg für die Kraft von Aufklärung in Verbindung mit Mitgefühl.

Er erinnerte Eltern und Betreuungspersonen daran, dass ihre Rolle darin besteht, Verständnis zu fördern, nicht Verhalten vorzuschreiben. Indem sie sachliche Informationen bereitstellen, gesunde Alternativen vorleben, Anstrengungen bestärken und den Kontakt aufrechterhalten, ermöglichen sie es den Angehörigen, Entscheidungen auf der Grundlage von Wissen und nicht von Mythen, Gruppenzwang oder Fehlinformationen in den sozialen Medien zu treffen. Die effektive Kommunikation über Cannabis ist an sich schon eine Form der Prävention – sie schützt die Herz- und Lungengesundheit, stärkt die Selbstbestimmung und schafft die Grundlage für informierte und nachhaltige Entscheidungen.

Kapitel 22 – Lehren vom OP-Tisch: Fälle, die meine Meinung geändert haben

Der Operationssaal war ein Ort der Präzision, der Konzentration und oft auch der erschütternden Erkenntnis. Dr. London hatte über fünfundzwanzig Jahre lang das heikle Zusammenspiel von Herz, Lunge und Arterien erforscht, doch erst die Begegnung mit einer Reihe von Patienten, die regelmäßig Marihuana konsumierten, veränderte seine Sichtweise grundlegend. Es handelte sich nicht um Gelegenheitskonsumenten; es waren Menschen, deren Konsum über Jahre, manchmal Jahrzehnte, durch die beruhigende kulturelle Vorstellung normalisiert worden war, Cannabis sei natürlich, harmlos und sogar therapeutisch. Im sterilen Licht des OP-Saals bedeutete natürlich jedoch nicht sicher. Die Folgen waren spürbar, mitunter verheerend und unübersehbar.

Einer der frühesten Fälle, der seine Annahmen infrage stellte, betraf einen Mann Mitte dreißig, körperlich fit und ansonsten gesund, der nach einer plötzlichen, heftigen Episode von Brustschmerzen eingeliefert worden war. Zunächst wurde ein klassischer Herzinfarkt vermutet, doch was Dr. London während der Operation beobachtete, ging über das typische Bild hinaus. Die Koronararterien, die bei einem Mann seines Alters relativ elastisch und frei von Verstopfungen sein sollten, waren von zahlreichen Verengungen durchzogen. Die Wände waren verdickt, entzündet und boten einen geringen Blutfluss. Auf seine Krankengeschichte angesprochen, gab der Patient beiläufig zu, dass*Er konsumierte fast ein Jahrzehnt lang täglich Marihuana, obwohl er nie eine Zigarette angerührt hatte.*Es gab keine familiäre Vorbelastung mit frühzeitigen Herzerkrankungen, keine nennenswerten Cholesterinprobleme, und die Blutdruckwerte lagen oft im Normbereich. Und doch war hier ein junges Herz in höchster Not – ein eindrucksvoller Beweis dafür, dass allein der Konsum von Marihuana schwere Gefäßschäden verursachen kann.

Die Operation brachte mehr als nur einen Arterienverschluss zutage. Dr. London beobachtete eine subtile Verfärbung des Lungengewebes, ein Flickwerk aus dunklen Bereichen, das auf chronische Rauchexposition hindeutete. Während er geschwärzte Lungen bisher hauptsächlich mit langjährigen Tabakkonsumenten in Verbindung gebracht hatte, stellte dieser Fall ein überraschendes Gegenbeispiel dar. Die Lunge des Patienten wies, obwohl nicht so stark geschädigt wie die eines lebenslangen Rauchers, bereits Anzeichen beginnender Teerablagerungen, Entzündungen und verminderter Elastizität auf. Einer der Anästhesisten hatte beiläufig bemerkt, dass*Die Beatmungsdrücke mussten angepasst werden, da die Lunge für jemanden seines Alters weniger nachgiebig war als erwartet.*Diese intraoperativen Beobachtungen stellten die bisherige Annahme in Frage, dass Marihuana-Rauch nur ein minimales Risiko für die Lunge darstelle, und unterstrichen die heimtückische Natur der kumulativen Exposition.

Ein weiterer denkwürdiger Fall betraf eine Frau Ende vierzig, die sich einer geplanten Koronararterien-Bypass-Operation unterzog. Ihre Krankenakte war weitgehend unauffällig, abgesehen von wiederkehrenden Brustschmerzen und Herzrhythmusstörungen. Sie hatte beiläufig erwähnt, dass*Sie konsumierte seit über zwanzig Jahren gelegentlich Marihuana, da sie es für ein natürliches Mittel zur Stresslinderung hielt.*Während der Operation zeigten die arteriellen Transplantate eine schwere Endotheldysfunktion mit so ausgeprägter Plaquebildung, dass mehrere Bypässe erforderlich waren. Dr. London stellte fest, dass die Entzündungsmarker in ihren Arterien auffallend erhöht waren und Muster aufwiesen, die typischerweise mit jahrzehntelangem Zigarettenrauchen einhergehen. Der Kontrast zwischen ihrem Nichtraucherstatus und der schweren Gefäßpathologie verdeutlichte eine wichtige Erkenntnis: Marihuana-Rauch ist nicht harmlos. Er kann stille, fortschreitende Schäden verursachen, die erst dann sichtbar werden, wenn die Folgen nicht mehr zu ignorieren sind.

Neben Arterien und Lunge bemerkte Dr. London subtile, aber konsistente Muster im Herzen selbst. Häufige Marihuana-Konsumenten wiesen oft Herzen mit leichter Hypertrophie auf, einer Verdickung der Herzwände, die auf chronische Belastung hindeutete. Ein junger Mann war nach einer Ohnmacht während des Sports eingeliefert worden; bildgebende Verfahren zeigten eine beginnende linksventrikuläre Hypertrophie, eine Erkrankung, deren Entwicklung typischerweise Jahrzehnte hohen Blutdrucks erfordert. Er hatte passiv zugegeben, dass*Er konsumierte täglich Marihuana, um nach der Arbeit und bei gesellschaftlichen Anlässen abzuschalten.*Der Zusammenhang war unübersehbar. Ihm wurde klar, dass das Herz auf wiederholten Stress durch erhöhten Herzschlag, gesteigerten Sauerstoffbedarf und die durch THC und Rauchbestandteile hervorgerufene Gefäßverengung reagierte. Diese mikroskopischen Anpassungen, die jahrelang unbemerkt blieben, waren Vorboten lebensbedrohlicher Ereignisse wie Herzinfarkt, Herzrhythmusstörungen oder plötzlichem Herztod.

In mehreren Fällen beobachtete Dr. London ein Muster verzögerter Symptomatik. Viele Patienten hatten leichte Symptome – gelegentliches Herzklopfen, Atemnot oder Brustbeschwerden – verspürt, die sie entweder ignoriert oder auf Stress zurückgeführt hatten. Die Normalisierung der Symptome wurde durch kulturelle Narrative verstärkt, die Risiken herunterspielten und so einen gefährlichen Kreislauf in Gang setzten, in dem frühe Warnzeichen ignoriert wurden. Ein Patient hatte passiv erklärt, dass*Er glaubte, sein gelegentliches Engegefühl in der Brust sei normal, da auch seine Freunde rauchten und sich wohl fühlten.*Eine Denkweise, die medizinische Eingriffe verzögerte und den Schaden verschlimmerte. Der Operationstisch wurde in diesen Fällen zu einem ernüchternden Lehrmeister, der Schäden offenbarte, die bei früherer Erkennung hätten gemildert werden können.

Fälle chronischer Lungenbelastung lieferten einige der emotional eindrücklichsten Erkenntnisse. Dr. London berichtete von der Operation eines 29-jährigen Mannes, der nie Tabak geraucht, aber zehn Jahre lang täglich Marihuana konsumiert hatte. Die Lunge war deutlich geschwärzt, mit Stellen chronischer Entzündung und beginnender Fibrose. Der Anästhesist hatte beiläufig bemerkt, dass*Aufgrund der verminderten Compliance mussten die Beatmungsdrücke sorgfältig angepasst werden.*Dies spiegelte die spürbaren physiologischen Auswirkungen des langfristigen Einatmens von Rauch wider. Die Sauerstoffsättigung des Patienten schwankte während des Eingriffs stärker als erwartet, was zeigte, dass selbst jüngere Lungen nicht vor strukturellen Schäden durch organischen Rauch gefeit sind. Die Beobachtung dieser Auswirkungen bestärkte ihn in der Botschaft, die er seinen Patienten bereits vermittelt hatte: Die Lunge ist für Luft, nicht für Verbrennungsprozesse geschaffen, und die kumulative Belastung, unabhängig von der Art des Rauchs, fordert messbare Spuren.

Der Operationssaal lieferte auch Einblicke in Komplikationen, die über das Herz-Kreislauf- und Atmungssystem hinausgingen. Eine Patientin, eine 42-jährige Frau mit regelmäßigem Marihuanakonsum in der Vorgeschichte, hatte eine sekundäre Hypertonie und erste Anzeichen einer Nierenbelastung entwickelt. Die während der Bypass-Operation beobachteten Gefäßveränderungen hatten die Nierendurchblutung beeinträchtigt und verdeutlichten so die Kaskadeneffekte chronischer, durch Rauchen verursachter Herz-Kreislauf-Schäden. Sie hatte beiläufig erklärt, dass*Sie brachte ihren Konsum nie mit langfristigen gesundheitlichen Folgen in Verbindung, da sie ihn für „pflanzlich und harmlos" hielt.*In diesen Fällen wurde die Vernetzung der Organsysteme deutlich, was unterstreicht, dass die Wirkung von Marihuana nicht isoliert ist, sondern im Laufe der Zeit mehrere physiologische Prozesse beeinflussen kann.

Ein besonders eindrücklicher Fall betraf einen Patienten, der nach einem Herzstillstand eingeliefert worden war. Die Reanimation war erfolgreich verlaufen, doch das Ausmaß der Schädigung wurde erst während der Operation sichtbar. Die Koronararterien waren stark verengt, und das Herz wies erhebliche Narben von früheren, unentdeckten ischämischen Ereignissen auf. Dr. London erinnerte sich, dass der Patient dies passiv eingeräumt hatte.*Er rauchte täglich Marihuana zur Stressbewältigung und dachte dabei selten über die langfristigen Folgen nach.*Dieser Fall verdeutlichte eine wichtige Lektion: Das kumulative Risiko durch Langzeitanwendung kann sich plötzlich und katastrophal manifestieren, selbst bei Personen ohne die üblichen Risikofaktoren. Der Operationstisch lieferte eine eindringliche und ernüchternde Veranschaulichung dafür, dass das, was kulturell als „sicher" galt, tödlich sein konnte.

Durch diese chirurgischen Erfahrungen entwickelte sich Dr. Londons Perspektive über theoretische Überlegungen hinaus zu einem tiefen Verständnis. Die Kombination aus sichtbaren Befunden – geschwärzten Lungen, entzündeten Arterien, verdickten Herzwänden – und den Krankengeschichten der Patienten ergab ein überzeugendes Bild, das nicht ignoriert werden konnte. Es wurde deutlich, dass Marihuana-Rauch, unabhängig von seinem organischen oder natürlichen Ursprung, messbare kardiovaskuläre und pulmonale Risiken birgt, die sich unbemerkt über die Zeit anhäufen. Diese Erkenntnis prägte sowohl seine klinische Praxis als auch seine Herangehensweise an die Patientenaufklärung. Er verließ sich nicht länger allein auf allgemeine Studien oder anekdotische Warnungen, sondern stützte sich auf die unmittelbaren, unbestreitbaren Beweise, die er auf dem Operationstisch sah.

Die Erkenntnisse erstreckten sich auch auf die Patientenberatung. Dr. London stellte fest, dass die Weitergabe anonymisierter Operationsbeobachtungen den Patienten half, die Tragweite ihrer Entscheidungen zu verstehen, ohne Scham oder Panik auszulösen. Patienten, die sich die konkreten Folgen – Arterienverkalkung, Lungenentzündung, Herzvergrößerung – vorstellen konnten, reagierten mit größerer Motivation, ihre Gewohnheiten zu ändern. Ein Patient hatte passiv erklärt, dass*Er war schockiert, als er erfuhr, dass seine Lunge denen eines langjährigen Tabakrauchers ähnelte, obwohl er nie Zigaretten geraucht hatte.*Dies veranlasste ihn, seinen Konsum einzuschränken und gesündere Gewohnheiten anzunehmen. Konkrete, evidenzbasierte Beispiele schufen Klarheit, erleichterten fundierte Entscheidungen und unterstrichen die Dringlichkeit proaktiver Gesundheitsmaßnahmen.

Der Operationstisch verdeutlichte auch die individuelle Variabilität der Anfälligkeit. Während einige Langzeitkonsumenten erhebliche Schäden aufwiesen, zeigten andere trotz ähnlicher Gewohnheiten nur moderate Veränderungen. Dies unterstreicht die Bedeutung von Genetik, Lebensstilfaktoren und Begleiterkrankungen. Diese Komplexität erforderte eine differenzierte Kommunikation mit den Patienten: Strategien zur Raucherentwöhnung und Risikominderung mussten individuell angepasst werden und durften nicht standardisiert sein. Dr. London betonte, dass selbst bei minimalen sichtbaren Schäden das Potenzial für kumulative Schäden bestehe und ein frühzeitiges Eingreifen die besten Chancen biete, schwerwiegende Folgen zu verhindern.

Diese Fälle veränderten die Darstellung, die Dr. London der Öffentlichkeit, Patienten und Angehörigen vermittelte, grundlegend. Die abstrakten Warnungen vor kardiovaskulären Risiken, Lungenschäden und Entzündungen wurden durch anschauliche, klinische Beweise ersetzt, die sich überzeugend vermitteln ließen. Ihm wurde klar, dass der Operationstisch Labor und Hörsaal zugleich war, wo die Folgen des regelmäßigen Marihuanakonsums beobachtet, gemessen und in einen Kontext gesetzt werden konnten. Jeder einzelne chirurgische Eingriff unterstrich die Notwendigkeit, aufzuklären, vorzubeugen und einzugreifen, bevor Schäden irreversibel werden.

Über die rein technischen Beobachtungen hinaus prägten diese Erfahrungen Dr. Londons umfassenderes Verständnis menschlichen Verhaltens und Glaubenssystems. Patienten kamen oft überzeugt von der Harmlosigkeit von Marihuana, doch ihre Körper sprachen eine andere Sprache. Der Kontrast zwischen Wahrnehmung und Realität verdeutlichte die Herausforderung der öffentlichen Gesundheitskommunikation: Kulturelle Narrative, der Einfluss Gleichaltriger und soziale Medien wogen oft schwerer als die Warnung aus Erfahrungsberichten. Der Operationssaal wurde zu einem Ort, an dem Mythen und Fakten aufeinanderprallten und die medizinische Wahrheit nicht länger ignoriert werden konnte.

Nach Abschluss dieser gesammelten Erfahrungen erkannte Dr. London, dass die Lehren aus dem Operationssaal weit über Einzelfälle hinausgingen. Jeder Patient repräsentierte einen Mikrokosmos gesellschaftlicher Annahmen, ein lebendes Beispiel dafür, wie naturalistische Fehlschlüsse, die Normalisierung durch Gleichaltrige und Fehlinformationen zu konkretem Schaden führen können. Sein Ansatz entwickelte sich weiter und umfasste neben chirurgischen Eingriffen auch proaktive Aufklärung, die Stärkung der Patientenrechte und die Sensibilisierung der Öffentlichkeit. Er betonte, dass die Beweise nicht hypothetisch, sondern sichtbar, messbar und überzeugend seien.

Die Berichte über geschwärzte Lungen, verdickte Arterien und überlastete Herzen wurden zu einem zentralen Bestandteil seiner Kommunikationsstrategie. Als Patienten und Angehörige verstanden, dass die Folgen chronischen Marihuanakonsums direkt beobachtet werden konnten, verbesserte sich die Einhaltung der Entwöhnungs- oder Risikominderungsstrategien. Ein Patient hatte beiläufig erklärt, dass*Er ergriff schließlich Maßnahmen, nachdem er Illustrationen gesehen hatte, die auf intraoperativen Beobachtungen basierten.*Dies verdeutlicht die motivierende Kraft konkreter Beweise. Der Operationstisch war daher nicht nur ein Ort der Intervention, sondern auch ein Katalysator für Prävention, Aufklärung und fundierte Entscheidungsfindung.

Dr. London betonte, dass diese Erfahrungen auch für ihn persönlich bedeutsam waren. Die Beobachtung vermeidbarer Schäden bei jungen, ansonsten gesunden Patienten stellte die beruhigenden Annahmen vieler über Cannabis infrage. Die Schwere des kumulativen Risikos, die schleichende Entwicklung von Gefäß- und Lungenschäden und die plötzlichen, mitunter katastrophalen Folgen waren nicht zu ignorieren. Er erkannte die Verantwortung von Medizinern, diese Erkenntnisse in verständliche und praxisnahe Leitlinien für die breite Öffentlichkeit umzusetzen.

Abschließend lässt sich festhalten, dass der OP-Tisch seine Meinung nicht nur einmal, sondern immer wieder geändert hat – anhand dutzender Fälle, die die versteckten Gefahren des langfristigen Marihuanakonsums offenbarten. Von jungen Erwachsenen mit verfärbten Lungen bis hin zu Patienten mittleren Alters mit ausgeprägten Arterienverkalkungen waren die Beweise überzeugend und unbestreitbar. Jeder Fall unterstrich die zentrale Botschaft dieses Buches: Marihuanarauch, der kulturell als „biologisch“ oder „sicher“ normalisiert wird, birgt messbare, kumulative Risiken für Herz, Lunge und Gefäßsystem. Dr. Londons Perspektive, geschärft durch jahrzehntelange chirurgische Beobachtung, bildete die Grundlage für eine Botschaft, die sowohl emotional berührend als auch klinisch fundiert ist. Die Lehren aus dem OP waren eindeutig: Prävention, Aufklärung und informierte Entscheidungsfindung sind unerlässlich, und die offenkundigen Schäden zu ignorieren, ist keine Option mehr.

Durch diese Erfahrungen wurde der Leser dazu angeregt, nicht nur die physiologischen Grundlagen des Risikos, sondern auch die gelebte Realität seiner Folgen zu verstehen. Der Operationstisch, mit seiner ungeschminkten Klarheit, wurde zum Lehrmeister und Mahner zugleich und verdeutlichte, dass Entscheidungen bezüglich des Marihuanakonsums reale, beobachtbare und mitunter irreversible Auswirkungen auf die menschliche Gesundheit haben. Die anonymisierten, aber dennoch eindringlichen Geschichten dieser Patienten bildeten den ultimativen Beweis für die Wahrheit, dass keine Substanz, so natürlich sie auch erscheinen mag, ohne Risiko ist.

Kapitel 23 – Die letzte Warnung: Warum Sie zweimal überlegen sollten, bevor Sie sich eine Zigarette anzünden

Es war ein stiller Abend im Krankenhaus, als Dr. London nach einem langen Operationstag inne hielt und über die unzähligen Herzen und Lungen nachdachte, deren Zustand durch Gewohnheiten, die die Gesellschaft oft verharmlost, beeinträchtigt war. Die Bilder waren ihm noch lebhaft in Erinnerung: das Flickwerk aus geschwärzten Lungen, die verdickten Arterienwände, die vergrößerten und unter unsichtbarem Stress stehenden Herzen. Jeder Patient war irgendwann einmal davon überzeugt gewesen, dass Marihuana harmlos sei, sein Rauch „biologisch", sein Konsum kaum Risiken berge. Doch im Operationssaal wurden diese Illusionen zerstört. Die Wahrheit war unausweichlich, schonungslos und in vielen Fällen verheerend. Dieses letzte Kapitel war sein Versuch, jahrzehntelange Beobachtung, Forschung und klinische Erfahrung in einer unüberhörbaren Botschaft zusammenzufassen.

Schon auf den ersten Seiten dieses Buches wurde die weitverbreitete Annahme infrage gestellt, dass natürliche Substanzen von Natur aus unbedenklich seien. Lange Zeit hatten sich die Menschen von der Vorstellung angezogen gefühlt, dass „pflanzlich“ oder „biologisch“ gleichbedeutend mit Harmlosigkeit sei. Es war ein tröstlicher Gedanke, der es vielen ermöglichte, Gewohnheiten zu rechtfertigen, ohne sich mit möglichen Konsequenzen auseinanderzusetzen. Marihuana profitierte von dieser kulturellen Voreingenommenheit; seine vermeintliche Unschuld wurde durch jahrzehntelange Lobbyarbeit, Gesetzesänderungen und die Darstellung in den sozialen Medien noch verstärkt. Dr. London hatte diese Denkweise in den Erzählungen seiner Patienten, in deren anfänglicher Ablehnung von Ratschlägen und in der Normalisierung des Konsums über alle Altersgruppen und Bevölkerungsschichten hinweg wiedererkannt. Der Operationstisch hatte deutlich gemacht, dass das Etikett „Naturprodukt“ keinerlei Schutz vor den physiologischen Schäden durch Rauch, THC und Verbrennungsprodukte bot.

Die Lunge gehörte zu den ersten Organen, die Aufschluss gaben. Viele Patienten, die nie Tabak geraucht hatten, zeigten nach jahrelangem Marihuanakonsum eine frühe bis mäßige Schwarzfärbung des Lungengewebes. Bronchialentzündungen, verdickte Atemwegswände und eine verminderte Lungencompliance waren wiederkehrende Beobachtungen. Ein junger Mann Ende zwanzig war nach einem leichten Herzereignis eingeliefert worden, und der Chirurg hatte beiläufig festgestellt, dass*Seine Lunge war sichtbar verfärbt und weniger elastisch als für sein Alter zu erwarten gewesen wäre.*Die physiologischen Folgen waren offensichtlich: verminderter Sauerstoffaustausch, chronischer Husten und eine erhöhte Anfälligkeit für Atemwegsinfektionen. Selbst gelegentlicher oder gesellschaftlich üblicher Gebrauch barg ein messbares Risiko. Die Annahme, dass der organische Ursprung einer Pflanze den Rauch unbedenklich mache, wurde durch die konkreten Beweise für Gewebeschäden eindeutig widerlegt.

Das Herz-Kreislauf-System war ebenso unerbittlich. Dr. London hatte in unzähligen Operationen die subtilen, aber unerbittlichen Auswirkungen von THC und Rauch auf Herzfrequenz, Blutdruck und Gefäßintegrität beobachtet. Die Koronararterien von täglichen Konsumenten wiesen häufig Ablagerungen, verdickte Wände und Entzündungen auf, selbst bei Patienten unter vierzig Jahren mit ansonsten gesundem Lebensstil. Ein Patient war mit einem plötzlichen Herzinfarkt eingeliefert worden, wobei sich herausstellte, dass seine Arterien so stark geschädigt waren, dass eine Bypass-Operation erforderlich war. Er hatte beiläufig erklärt, dass*Er war davon ausgegangen, dass Marihuana harmlos sei, weil er keine Zigaretten rauchte.*Dies verdeutlicht die gefährliche Diskrepanz zwischen Wahrnehmung und Realität. Das Herz wies, wie die Lunge, die unverkennbaren Spuren chronischen Stresses auf, der durch wiederholten Kontakt mit Marihuana-Rauch hervorgerufen wurde.

Neben den strukturellen Schäden waren die funktionellen Auswirkungen auf Herz und Lunge gravierend. Patienten wiesen Herzrhythmusstörungen, erhöhte Ruhepulse und Herzklopfen auf, das oft als harmlos oder angstbedingt abgetan wurde. Dr. London hatte beobachtet, dass die Wechselwirkung zwischen psychischem Stress, THC-Intoxikation und kardiovaskulärer Belastung die Risiken verstärkte. Eine junge Frau, die wegen Herzrhythmusstörungen eingeliefert worden war, hatte beiläufig erwähnt, dass*Sie konsumierte täglich Marihuana, um Stress abzubauen.*Sie ahnte nicht, dass die Substanz, die sie zur Linderung ihrer Beschwerden einnahm, zu ihrer Herzinstabilität beitrug. Diese Muster unterstrichen eine ernüchternde Wahrheit: Die vermeintlichen Vorteile von Marihuana können schwerwiegende, kumulative Schäden verschleiern.

Die Kapitel dieses Buches untersuchten die Mechanismen, die diesen Beobachtungen zugrunde liegen. THC-induzierte Vasokonstriktion, erhöhter Sauerstoffbedarf, Endotheldysfunktion und systemische Entzündung waren keine abstrakten Begriffe; sie waren die Prozesse, die die Krankengeschichten der Patienten in im Operationssaal sichtbare pathologische Befunde übersetzten. Die adaptiven Mechanismen des Körpers konnten dies zeitweise kompensieren, doch der Schaden verlief schleichend und unbemerkt, bis ein katastrophales Ereignis die Erkennung erzwang. Dr. London betonte, dass selbst asymptomatische Konsumenten erhebliche kardiovaskuläre und pulmonale Beeinträchtigungen aufweisen konnten. Das Fehlen unmittelbarer Symptome bedeutete keine Sicherheit; es verzögerte lediglich die unvermeidliche Konfrontation mit dem Risiko.

Die Verhaltensmuster der Patienten hatten auch die Gefahren chronischen, häufigen oder hochpotenten Konsums verdeutlicht. Der moderne Markt mit Sorten, die erhöhte THC-Werte aufweisen, hatte die physiologische Belastung von Herz und Lunge verstärkt. Tiefe Inhalationstechniken, langes Anhalten des Atems und wiederholter Konsum erhöhten die Ablagerung von Teer und Feinstaub und verschlimmerten so Entzündungen und Gefäßbelastungen. Ein junger Erwachsener wurde trotz moderaten Konsums im Vergleich zu Gleichaltrigen mit beginnender Koronarverstopfung und geschwärzten Lungen eingeliefert. Er hatte beiläufig erklärt, dass*Er bevorzugte THC-reiche Sorten wegen ihrer stärkeren Wirkung.*Dies verdeutlicht, wie die Wirkstärke die versteckten Gefahren noch verstärken kann. Dr. Londons Beobachtungen unterstrichen die Notwendigkeit, bei der Risikobewertung Häufigkeit, Intensität und Anwendungsmethode zu berücksichtigen.

Abhängigkeit und Normalisierung verkomplizierten die Situation zusätzlich. Viele Patienten hatten jahrelang täglich konsumiert, oft ohne Entzugserscheinungen oder Verhaltensmuster zu erkennen, die auf eine Abhängigkeit hindeuteten. Reizbarkeit, Angstzustände, Schlafstörungen und Suchtverlangen wurden häufig passiv berichtet, nachdem die Patienten den Konsum eingestellt hatten, doch die kumulative Belastung vor der Erkenntnis hatte bereits strukturelle und funktionelle Schäden verursacht. Dr. London stellte fest, dass diese Muster Suchtprofilen anderer Substanzen ähnelten: langjähriger Konsum, schleichender Verlauf und verzögerte Erkenntnis des Schadens. Die Kombination aus physiologischem Risiko und Verhaltensverstärkung machte frühzeitige Aufklärung und Sensibilisierung umso wichtiger.

Der Einfluss sozialer Narrative konnte nicht ignoriert werden. Patienten nannten häufig soziale Medien, den Legalisierungsstatus und die Meinung Gleichaltriger als Gründe für die fortgesetzte Anwendung. Ein Patient mittleren Alters hatte beiläufig erklärt, dass*Er glaubte, Marihuana sei sicher, weil es legal und unter Freunden und Kollegen weithin akzeptiert sei.*Die Diskrepanz zwischen Legalität, gesellschaftlicher Akzeptanz und physiologischer Sicherheit war ein wiederkehrendes Thema. Dr. London stellte fest, dass die öffentliche Wahrnehmung oft hinter der medizinischen Realität zurückblieb und so einen „Sicherheits-Halo“ erzeugte, der Risiken verschleierte. Der Operationssaal diente als Ort, an dem Mythen auf Fakten trafen und Konsequenzen offenbarten, die weder abstrakt noch vermeidbar waren.

Aufklärung und proaktive Kommunikation waren unerlässliche Instrumente der Prävention. Dr. London hatte die Notwendigkeit betont, klinische Beobachtungen in verständliche Leitlinien für Patienten, Angehörige und die Öffentlichkeit zu übersetzen. Detaillierte Erklärungen, visuelle Hilfsmittel und Fallbeispiele hatten sich als wirksam erwiesen, um die Kluft zwischen Wahrnehmung und Realität zu überbrücken. Ein junger Erwachsener hatte passiv erklärt, dass*Der Anblick von Bildern geschädigter Lungen und verdickter Arterien, verbunden mit einer klaren Erklärung des kardiovaskulären Stresses, motivierte ihn, den Konsum zu reduzieren.*Er demonstrierte damit die Macht konkreter Beweise bei der Beeinflussung von Verhalten. Fundierte Entscheidungsfindung, so stellte er fest, hänge von Klarheit, Empathie und sachlicher Kommunikation ab.

Die Kernaussage des Buches, die auf jahrzehntelanger Beobachtung und klinischer Erfahrung beruht, war eindeutig: Marihuana-Rauch, unabhängig von seiner natürlichen Herkunft, barg messbare Risiken für Herz und Lunge. Häufiger Konsum, hochpotente Produkte und längere Exposition verstärkten diese Gefahren, während gesellschaftliche Normalisierung und Fehlinformationen sie verschleierten. Selbst jüngere Menschen, die oft als risikoarm galten, waren anfällig für plötzliche Herzereignisse, Herzrhythmusstörungen und Lungenfunktionsstörungen. Patienten mit ansonsten gesundem Lebensstil zeigten oft erst dann zugrundeliegende strukturelle Schäden, wenn ein chirurgischer Eingriff unumgänglich war. Es handelte sich hierbei nicht um hypothetische Risiken; sie waren real, messbar und potenziell lebensverändernd.

Dr. London reflektierte über die emotionale Wucht dieser Erfahrungen. Chirurgen waren darauf trainiert, Leben zu reparieren, zu stabilisieren und zu erhalten, doch die wiederholte Konfrontation mit vermeidbaren Schäden hinterließ eine ernüchternde Wirkung. Jeder Patient stand für eine Geschichte stillen Fortschreitens, kultureller Annahmen und verzögerter Schadenserkennung. Familien, die Warnungen jahrelang ignoriert hatten, wurden im Operationssaal plötzlich mit der harten Realität konfrontiert. Das Nebeneinander von Erwartung und Ergebnis unterstrich die Dringlichkeit von Prävention und Aufklärung.

In seiner abschließenden Warnung betonte Dr. London die Wichtigkeit informierter Entscheidungen. Jeder Mensch habe das Recht, Risiken zu verstehen und Entscheidungen zu treffen, doch diese Entscheidungen müssten auf Fakten und nicht auf Mythen beruhen. Der Reiz naturalistischer Behauptungen, gesellschaftlicher Trends und der rechtlichen Zulässigkeit dürfe die physiologische Wahrheit nicht verschleiern. Der menschliche Körper reagiere messbar und kumulativ auf Rauch und THC-Konsum, und das Bewusstsein für diese Auswirkungen sei Voraussetzung für verantwortungsvolles Handeln.

Dr. London riet denjenigen, die bereits mit dem Marihuanakonsum begonnen hatten, über Häufigkeit, Stärke und Konsummethode nachzudenken. Eine Reduzierung des Konsums, die Anwendung alternativer Bewältigungsstrategien und die Inanspruchnahme ärztlicher Beratung seien proaktive Schritte, die das Risiko mindern könnten. Ein Patient hatte beiläufig erklärt, dass*Er änderte seinen Tagesablauf, um der Gesundheit Priorität einzuräumen, indem er Sport trieb und die Häufigkeit der Inhalation reduzierte.*Dies zeigt, dass bewusstes Anpassen die Ergebnisse positiv beeinflussen kann. Prävention bedeutete nicht nur Verzicht, sondern auch, Risiken bewusst und informiert zu verstehen und zu managen.

Die gesellschaftliche Dimension war ebenso entscheidend. Öffentliche Wahrnehmung, der Einfluss Gleichaltriger und die Darstellung in den Medien prägten Gewohnheiten und normalisierten den Konsum, wobei Risiken oft verharmlost wurden. Dr. London plädierte für eine präzise, wissenschaftlich fundierte Aufklärung, die allen Bevölkerungsgruppen zugänglich ist, und betonte die Notwendigkeit, Fehlvorstellungen zu korrigieren und konkrete, klinisch belegte Erkenntnisse zu präsentieren. Gemeinden, Familien und Gesundheitsdienstleister trugen eine gemeinsame Verantwortung, die Realität der Risiken klar, einfühlsam und konsequent zu vermitteln.

Als die letzten Worte dieses Buches deutlich wurden, bekräftigte Dr. London die zentrale Botschaft: Herz- und Lungengesundheit sind unverzichtbare Bestandteile des Wohlbefindens, und Marihuana-Rauch stellt eine reale, kumulative Gefahr dar. Die Erkenntnisse, gewonnen aus jahrzehntelanger chirurgischer Beobachtung und untermauert durch Forschungsergebnisse, ließen kaum Raum für Zweifel. Die Entscheidung zu rauchen ist nicht bloß eine persönliche Wahl; sie birgt potenzielle Langzeitfolgen für die Herz-Kreislauf-Gesundheit, die Lungenfunktion und die allgemeine Lebensqualität.

Die Leser wurden zu Achtsamkeit, Nachdenken und Handeln aufgerufen. Es handelte sich weder um eine moralische Ermahnung noch um einen Appell an die Angst, sondern um die Darstellung einer unbestreitbaren Realität. Der Operationssaal hatte die Wahrheit offenbart, die durch beiläufige Gespräche, gegenseitige Beruhigung oder gesellschaftliche Normalisierung oft verschleiert wurde: dass Rauch, unabhängig von seiner Herkunft, messbare Schäden verursacht. Überlastete Herzen, geschädigte Lungen, entzündete Arterien – dies waren die sichtbaren Anzeichen einer Substanz, die gemeinhin als harmlos galt.

Dr. London schloss mit einer eindringlichen Botschaft: Überlegen Sie gut, bevor Sie rauchen. Machen Sie sich mit den Fakten vertraut, verstehen Sie die Risiken und treffen Sie Entscheidungen auf der Grundlage wissenschaftlicher Erkenntnisse statt Mythen. Prävention, Mäßigung und bewusste Entscheidungsfindung sind für die langfristige Gesundheit unerlässlich. Jeder Zug, jede Sitzung hat kumulative Auswirkungen, die sich erst Jahrzehnte später oder sogar in plötzlichen, lebensbedrohlichen Ereignissen zeigen können. Bewusstsein ist der erste Schutzwall; informierte Entscheidungsfindung der nächste.

Letztendlich endete das Buch mit einem Appell zur Verantwortung – gegenüber sich selbst, den Angehörigen und der Gesellschaft. Die Vorstellung von natürlicher Unschuld war durch Beobachtung, Forschung und die Erfahrungen im Operationssaal widerlegt worden. Dr. Londons abschließende Warnung war klar, prägnant und unumgänglich: Die Folgen regelmäßigen Marihuanakonsums waren real, messbar und potenziell verheerend. Die Leser wurden eindringlich gebeten, innezuhalten, die Fakten zu prüfen und ihre langfristige Herz- und Lungengesundheit über gesellschaftliche Annahmen oder kurzlebige kulturelle Trends zu stellen. Die Entscheidung zum Kiffen, betonte er, dürfe niemals leichtfertig getroffen werden.

Das Kapitel schloss mit einer ruhigen, nachdenklichen Note und regte den Leser zum Nachdenken über die handfesten Beweise, die persönlichen Geschichten der Patienten und die ungeschminkte Wahrheit über die Auswirkungen des Rauchs auf den menschlichen Körper an. Informierte Entscheidungen, basierend auf medizinischen Erkenntnissen, waren der Weg zu Schutz, einem langen Leben und Wohlbefinden. Die abschließende Warnung war einfach, aber tiefgreifend: Überlege zweimal, verstehe die Zusammenhänge vollständig und wähle weise. Jeder Atemzug hatte Folgen, und es war an der Zeit, bewusst zu handeln.

DAS ENDE

www.ingramcontent.com/pod-product-compliance
Lightning Source LLC
LaVergne TN
LVHW100258210926
848480LV00003B/956
9798295463457